法廷通訳ハンドブック実践編

【ベンガル語】
(改訂版)

最高裁判所事務総局

法定通貨バスケットのアジア共同通貨

【ベンガル語】

(改訂版)

はじめに

法廷通訳については，通訳の対象が法廷という極めて特殊な状況での会話であるために，通訳一般で必要とされる十分な語学力に加えて，法廷通訳に求められる特別の心構えや刑事手続の基本的な知識を身につける必要があります。そして，経験を積む中で，刑事手続への理解を深め，事実に争いがある否認事件等の複雑な手続や，控訴審などの通常の第一審と異なる手続の通訳もこなせるようなレベルにまで，能力を向上させていくことが期待されます。このようなレベルに達するには，法廷での特殊な用語，法律的な知識など法廷通訳に特有の事項をよく理解することが必要となります。

本書は，そのための手助けになるように，平成元年度から順次刊行した法廷通訳ハンドブックの姉妹編として作成しました。

本書では，できるだけ実践的な内容とすることを心がけ，第１編では刑事手続の流れに沿って，通訳人からよく質問される事項をＱ＆Ａの形でまとめ，第２編では，控訴審の手続をできるだけ平易に説明するとともに，第３編及び第４編では，法廷で使用されることの多いやりとりの具体例や，法律用語などの通訳例をできる限り網羅的に掲載することを心がけました。

なお，本書の初版が刊行されてから相当期間が経過しており，その間，法改正や新法の制定が行われ，刑事裁判に関する様々な制度（公判前整理手続，即決裁判手続，裁判員の参加する刑事裁判手続，犯罪被害者等が刑事裁判に参加する制度等）が実施されています。

そこで，今回，これらの法改正等を踏まえて，初版の内容を見直し，所要の改訂を行いました。

本書が，初版と同様，広く刑事裁判の通訳に当たる方の一助となれば幸いです。

平成24年３月

最高裁判所事務総局刑事局

目　次

第１編　刑事裁判手続における通訳人の留意事項 ……………… 1

第１章　一般的注意事項 ……………………………………… 1

第２章　勾留質問手続 ………………………………………… 3

第３章　起訴後第１回公判期日前まで ……………………… 4

第１節　起訴 ……………………………………………… 4

第２節　起訴状概要の翻訳文の送付 ……………………… 4

１　趣旨 ……………………………………………………… 4

２　実施の方法 ……………………………………………… 4

第３節　法廷通訳の依頼 …………………………………… 5

第４節　公判前整理手続 …………………………………… 7

第５節　第１回公判期日の指定 …………………………… 9

第６節　裁判所と通訳人との連絡及び通訳人の事前準備 …… 10

第７節　弁護人の接見への同行 …………………………… 12

第４章　公判手続 …………………………………………… 16

第１節　法廷通訳一般 ……………………………………… 16

第２節　開廷前の準備 ……………………………………… 19

第３節　公判廷での手続 …………………………………… 20

１　通訳人の宣誓等 ………………………………………… 20

２　被告人に対する宣誓手続等についての説明 ………… 20

３　被告人の人定質問 ……………………………………… 21

４　起訴状朗読 ……………………………………………… 21

５　黙秘権の告知 …………………………………………… 22

6	事件に対する被告人の陳述	22
7	弁護人の意見	22
8	ワイヤレス通訳システムの利用	22
9	証拠調べ手続	24
(1)	冒頭陳述	24
(2)	検察官からの証拠申請	25
(3)	検察官の証拠申請に対する弁護人の意見	25
(4)	裁判所の証拠採否（証拠を採用するか却下するか）の決定	25
(5)	採用された証拠の取調べ	25
	ア　証拠書類の内容の要旨の告知（又は朗読）	25
	イ　証拠物の展示	26
(6)	証人尋問	26
	ア　証人の宣誓及び虚偽の証言に対する注意	26
	イ　通訳の方法	26
	(ｱ)　外国語を使用する証人の場合	26
	(ｲ)　日本語を使用する証人の場合	27
	ウ　証人の不安や緊張等を緩和するための措置	27
	(ｱ)　付添い	27
	(ｲ)　遮へい	27
	(ｳ)　ビデオリンク	28
10	被告人質問	34
11	論告	34
12	弁護人による弁論	35

13	被告人の最終陳述 ………………………………………	36
14	次回期日の指定 …………………………………………	36
15	判決宣告の手続 …………………………………………	37
16	上訴期間等の告知 ………………………………………	38
17	即決裁判手続 ……………………………………………	38

第4節　裁判員裁判 ………………………………………… 39
第5節　被害者参加 ………………………………………… 41
第5章　その他の留意事項 ………………………………… 43

第2編　控訴審における刑事手続の概要 ……………… 45

第1章　控訴審とは ………………………………………… 45
 1　上訴制度 ……………………………………………… 45
 2　控訴審の役割 ………………………………………… 45

第2章　控訴の申立て等 …………………………………… 45
 1　控訴の提起期間 ……………………………………… 46
 2　申立ての方式 ………………………………………… 46
 3　上訴の放棄 …………………………………………… 46
 4　上訴の取下げ ………………………………………… 46

第3章　控訴審の手続 ……………………………………… 46
 第1節　控訴審の第1回公判期日までの手続 ………… 46
  1　弁護人選任に関する手続 ………………………… 47
  2　通訳人の選任に関する手続 ……………………… 47
  3　被告人の移送 ……………………………………… 47
  4　控訴趣意書の提出 ………………………………… 47
  5　答弁書の提出 ……………………………………… 48

6　第1回公判期日の指定と被告人の召喚 ………… 48
　第2節　控訴審における公判審理 ……………………… 49
　　1　概要 ………………………………………………… 49
　　2　公判期日の手続の流れ …………………………… 49
　　（1）通訳人の人定尋問と宣誓 ……………………… 49
　　（2）被告人の人定質問 ……………………………… 49
　　（3）控訴趣意書に基づく弁論 ……………………… 50
　　（4）控訴趣意書に対する相手方の意見（答弁） ……… 51
　　（5）事実の取調べ …………………………………… 51
　　（6）事実の取調べの結果に基づく弁論 …………… 52
　　（7）次回公判期日の指定・告知 …………………… 52
　　3　判決宣告期日 ……………………………………… 52
第3編　法廷通訳参考例 ……………………………………… **55**
　第1章　勾留質問手続 ………………………………………… 56
　　1　前置き ……………………………………………… 56
　　2　黙秘権の告知 ……………………………………… 56
　　3　弁護人選任権の告知 ……………………………… 56
　　4　勾留の要件の説明 ………………………………… 58
　　5　勾留の期間の説明 ………………………………… 58
　　6　被疑事実の告知 …………………………………… 58
　　7　被疑事実に対する陳述 …………………………… 60
　　8　勾留通知先 ………………………………………… 60
　　9　領事機関への通報 ………………………………… 60
　　10　読み聞け …………………………………………… 60

第2章 公判手続 …………………………………… 62
　1　開廷宣言 ……………………………………… 62
　2　通訳人の宣誓 ………………………………… 62
　3　人定質問 ……………………………………… 62
　4　起訴状朗読 …………………………………… 62
　5　黙秘権の告知 ………………………………… 62
　6　被告事件に対する陳述 ……………………… 64
　7　弁護人の意見 ………………………………… 64
　8　検察官の冒頭陳述 …………………………… 66
　9　弁護人の冒頭陳述 …………………………… 66
　10　公判前整理手続の結果顕出 ………………… 66
　11　証拠調べ請求 ………………………………… 66
　12　証拠（書証・証拠物）請求に対する意見 ………… 66
　13　書証の要旨の告知・証拠物の展示 ………… 68
　14　証人申請 ……………………………………… 70
　15　証人申請に対する意見及び証人の採用 …… 72
　16　証人の尋問手続 ……………………………… 72
　（1）証人の宣誓 ………………………………… 72
　（2）異議申立て及びその裁定 ………………… 72
　（3）証人尋問の終了 …………………………… 74
　17　その他の手続 ………………………………… 74
　（1）弁論の併合決定 …………………………… 74
　（2）訴因及び罰条等の変更 …………………… 74

（3）被害者特定事項の秘匿決定後，被害者の呼
　　　　称の定めがされた場合 ……………………… 74
　（4）被害者参加許可決定 ……………………………… 74
　（5）被害者等の被害に関する心情その他の被告
　　　　事件に関する意見陳述 ……………………… 76
　（6）即決裁判手続 ……………………………………… 76
　　　ア　被告事件に対する有罪の陳述 ……………… 76
　　　イ　弁護人の意見 ………………………………… 76
　　　ウ　即決裁判手続によって審判する旨の決定 … 78
　　　エ　証拠調べ請求等 ……………………………… 78
　18　論告 ……………………………………………………… 78
　19　被害者参加人の弁論としての意見陳述 …………… 80
　20　弁護人の弁論 …………………………………………… 80
　（1）出入国管理及び難民認定法違反（自白事件）
　　　　の例 ……………………………………………… 82
　（2）窃盗（否認事件）の例 ………………………… 82
　21　被告人の最終陳述 …………………………………… 84
　22　公判期日の告知 ……………………………………… 84
　（1）次回公判期日の告知 ……………………………… 84
　（2）判決言渡期日の告知 ……………………………… 84
　23　判決宣告 ……………………………………………… 84
　24　執行猶予の説明 ……………………………………… 86
　（1）身柄拘束中の被告人の執行猶予 ………………… 86
　（2）既に不法残留になっている被告人の執行猶予 … 86

25　未決勾留日数の説明 ………………………………… 86
26　保護観察の説明 ……………………………………… 88
27　上訴権の告知 ………………………………………… 88
第3章　第一審における判決主文の例 …………………… 88
　1　有罪の場合 …………………………………………… 88
　（1）主刑 ………………………………………………… 90
　　ア　基本型 …………………………………………… 90
　　イ　少年に不定期刑を言い渡す場合 ……………… 90
　　ウ　併科の場合 ……………………………………… 90
　　エ　主文が2つになる場合 ………………………… 90
　（2）未決勾留日数の算入 ……………………………… 90
　　ア　基本型 …………………………………………… 90
　　イ　本刑が数個ある場合 …………………………… 90
　　ウ　本刑が罰金・科料の場合 ……………………… 90
　　エ　刑期・金額の全部に算入する場合 …………… 90
　（3）労役場留置 ………………………………………… 92
　　ア　基本型 …………………………………………… 92
　　イ　端数の出る場合 ………………………………… 92
　（4）刑の執行猶予 ……………………………………… 92
　（5）保護観察 …………………………………………… 92
　（6）補導処分 …………………………………………… 92
　（7）没収 ………………………………………………… 92
　　ア　基本型 …………………………………………… 92
　　イ　偽造・変造部分の没収 ………………………… 92

         ウ 裁判所が押収していない物の没収 ……………… 92
         エ 犯罪被害財産の没収 ……………………… 94
      (8) 追徴 ……………………………………………… 94
         ア 基本型 …………………………………… 94
         イ 犯罪被害財産の価額の追徴 ……………… 94
      (9) 被害者還付 ……………………………………… 94
         ア 基本型 …………………………………… 94
         イ 被害者不明の場合 ……………………… 94
         ウ 被害者が死亡した場合 ………………… 94
      (10) 仮納付 ………………………………………… 94
      (11) 訴訟費用の負担 ……………………………… 94
      (12) 刑の執行の減軽又は免除 …………………… 96
      (13) 刑の免除 ……………………………………… 96
   2 無罪・一部無罪の場合 ……………………………… 96
      (1) 無罪 ……………………………………………… 96
      (2) 一部無罪 ………………………………………… 96
   3 その他の場合 ………………………………………… 96
      (1) 免訴 ……………………………………………… 96
      (2) 公訴棄却 ………………………………………… 96
      (3) 管轄違い ………………………………………… 96
第4章 控訴審における判決主文の例 ……………………… 98
   1 控訴棄却・破棄 ……………………………………… 98
      (1) 控訴棄却 ………………………………………… 98
      (2) 破棄自判 ………………………………………… 98

（3）破棄差戻し ……………………………………… 98
　（4）破棄移送 ………………………………………… 98
　2　未決勾留日数の算入 ………………………………… 98
　3　訴訟費用の負担 ……………………………………… 98
第5章　第一審における判決理由 ………………………………100
　1　罪となるべき事実 ……………………………………100
　（1）不正作出支払用カード電磁的記録供用罪及び
　　　 窃盗罪の例 ………………………………………100
　（2）覚せい剤取締法違反罪の例 ……………………100
　（3）大麻取締法違反罪の例 …………………………100
　（4）麻薬及び向精神薬取締法違反罪の例 …………102
　（5）売春防止法違反罪の例 …………………………102
　（6）強盗致死罪の例 …………………………………102
　（7）自動車運転過失傷害罪の例 ……………………104
　（8）傷害罪の例 ………………………………………106
　（9）詐欺罪の例 ………………………………………106
　（10）殺人罪の例（確定的故意の場合）………………108
　（11）殺人罪の例（未必的故意の場合）………………108
　（12）銃砲刀剣類所持等取締法違反罪の例 …………110
　（13）出入国管理及び難民認定法違反罪の例 ………110
　（14）窃盗罪（万引）の例 ……………………………110
　（15）窃盗罪（すり）の例 ……………………………112
　（16）教唆の例（窃盗）………………………………112
　（17）幇助の例（窃盗）………………………………112

2　証拠の標目 ……………………………………112
　　3　累犯前科 ………………………………………114
　　4　確定判決 ………………………………………116
　　5　法令の適用 ……………………………………116
　　6　量刑の理由 ……………………………………116
　　　　出入国管理及び難民認定法違反の例 ……………116
　第6章　控訴審における判決理由 ……………………118
　　1　理由の冒頭部分 ………………………………118
　　2　理由の本論部分 ………………………………118
　　（1）控訴棄却 ……………………………………118
　　（2）破棄自判 ……………………………………120
　　3　法令の適用部分 ………………………………122
　　（1）控訴棄却 ……………………………………122
　　（2）破棄自判 ……………………………………122
　　（3）破棄差戻し …………………………………124

第4編　法律用語等の対訳 ………………………………127
　第1章　法律用語の対訳 ……………………………127
　第2章　法令名 ………………………………………166
　第3章　罪名 …………………………………………174

資料 …………………………………………………………185
証拠等関係カードの略語表 ………………………………185
第一審手続概要 ……………………………………………187
控訴審手続概要 ……………………………………………189

第１編

刑事裁判手続における通訳人の留意事項

第１編　刑事裁判手続における通訳人の留意事項

ここでは，通訳を必要とする刑事裁判での手続に即して，しばしば問題となる事項又は通訳人が留意すべき事項について説明します。法廷等で使用される用語の訳語については，５５ページの「法廷通訳参考例」又は１２７ページの「法律用語等の対訳」を参照してください。

第１章　一般的注意事項

①Q　法廷通訳は，一般の通訳と比べてどのような特徴がありますか。

A　法廷でのやりとりのうち，証人尋問や被告人質問は，その結果得られた証言や供述が，裁判の証拠として，犯罪事実の認定や刑の量定の基礎になる特に重要なものですから，すべての発言を逐語訳で行う必要があるという特徴があります。例えば，証人が証言内容を発言直後に訂正した場合には，訂正後の内容だけでなく訂正前の内容についてもそのまま通訳してください。

法廷での裁判官と検察官，弁護人とのやりとりについては，裁判長が必要な事項を要約することが多いと思われます。通訳すべき範囲を自分で判断するのではなく，裁判長の指示に従って通訳を行ってください。

②Q　通訳人として守らなければならないことは何ですか。

A　良心に従って誠実に通訳をしてください。通訳をするに当たって，そのことを宣誓していただくことになります。また，裁判は，偏りのない公正な手続で行う必要がありますから，通訳人も，通訳するに当たっては，立場上中立公正さを疑われるような行動をとってはいけません。もしも，被告人や証人と知り合いであるなどの事情がある場合には，直ちに裁判所に申し出てください。

　また，被告人又はその関係者に対しては，自分の氏名，住所，電話番号を教えないようにし，個人的に接触する機会を与えないでください。一緒に飲食をしたり，贈物を受け取るなどの行為は絶対にしないでください。

　さらに，裁判の過程で知った事件に関する事項については，絶対に他に漏らさないでください。裁判所や検察官，弁護人から事前に送付を受けた書面については，その保管に注意するとともに，他人の目に触れることのないよう注意してください。

③Q　証人や被告人の発言を逐語訳したり，法廷でのやりとりを記憶しておくのは，大変なことだと思いますが，法廷に立ち会う際，どのような準備，工夫をすればよいですか。

　A　法廷に立ち会う際には，自分の記憶だけに頼るのではなく，メモを取っておくことが不可欠です。メモを

> 取る際には，自分の理解しやすい記号や略語を用いたり，訴訟関係人の発言の順序などについて図式化して記録するなど，適宜工夫をするとよいでしょう。
> また，日ごろから，メモ取りをはじめとする様々なトレーニングを行い，通訳スキルの更なる向上を心がけておくことも重要です。

第2章　勾留質問手続

　逮捕された被疑者を引き続き留置しようとする場合，検察官は裁判官に対して勾留請求を行います。裁判官は資料を検討し，被疑事実に関する被疑者の言い分を聞いた上で，勾留するかどうか決めることになります。この言い分を聞く手続が勾留質問です。勾留質問は，裁判所の勾留質問室で行われます。被疑者が日本語を理解できない場合には，通訳人を介してこの手続を行うことになります。

> Q　通訳人の人定尋問の際，被疑者に通訳人の氏名や住所を知られることはありませんか。被疑者に氏名住所等を知られたくない場合には，どうしたらよいですか。
> A　裁判所では，通訳人の氏名，住所などの個人情報について，慎重に取り扱うよう配慮しています。
> 　勾留質問手続においては，裁判官は，通訳人の人定尋問の際，あらかじめ人定事項を記載した書面をもとに「このとおりですね。」などと確認する形で人定尋問を行うのが一般的です。

念のため事前に裁判所書記官（以下「書記官」といいます。）に対してそのような希望を申し出てください。

第３章　起訴後第１回公判期日前まで

第１節　起訴

刑事裁判は，検察官が裁判所に対して裁判を求めることによって開始されます。これを起訴又は公訴の提起といい，具体的には，検察官が，起訴状を裁判所に提出して行います。起訴状には，被告人の氏名，生年月日，住居など被告人を特定する事項，公訴事実，罪名及び罰条が記載されています。

起訴があると，それまで被疑者に対する被疑事件であったものが被告人に対する被告事件となって，裁判所で審理される状態になります。

第２節　起訴状概要の翻訳文の送付

1　趣旨

裁判所では，起訴があった場合，起訴状の概要を被告人の理解できる言語に翻訳した上，第１回公判期日前のできるだけ早い時期にその翻訳文を被告人に送付するという取扱いを行っています。これは，日本語を理解しない被告人に早期に起訴状の内容を理解させて，被告人の防御権を実質的に保障するとともに，公判審理の充実を図ろうとするものです。

2　実施の方法

起訴状概要の翻訳文を送付する運用を円滑に実施するため，典型的な公訴事実の要旨を翻訳した文例集が作成され，それ

ぞれの地方裁判所に用意されています。

裁判所は，翻訳文を送付する際には，通訳人予定者等に，日本語で作成した起訴状記載の公訴事実の要旨，罪名及び罰条について翻訳を依頼し，翻訳文を作成してもらうこともあります。その際，先に述べた翻訳文例の翻訳例を参考にしていただくとよいと思います。出来上がった翻訳文は，裁判所から被告人に送付しています。

1に記載した趣旨から，翻訳文の作成を依頼された場合には，速やかに翻訳文を作成して提出してください。

なお，この翻訳料は，通訳人に対する通訳料とは別に，翻訳内容に応じて支給されます。

Q　裁判所から翻訳の依頼があった場合に留意する事項は何ですか。

A　書記官から，翻訳言語，提出期限などを示してお願いしますので，特に提出期限に留意してください。また，担当の書記官の氏名を聞いておくと，疑問点が生じた場合に照会するのに便利です。

第3節　法廷通訳の依頼

要通訳事件では，適格な通訳人を選任することが極めて重要ですが，適格な通訳人であるためには，十分な語学力を有するとともに，中立公正であることが必要です。

この点，捜査段階で付された通訳人を法廷における通訳人として選任することについては，裁判の公正に対する無

用の疑念を生じさせたり，捜査段階の通訳人の面前では，取調べ時に供述したことに心理的に影響されて，被告人が公判廷で自由に言い分を言えないおそれも考えられることから，法廷通訳には，できる限り捜査段階の通訳人と別の通訳人を選任することが望ましいと考えています。実際にも特段の事情のある場合を除き，別の通訳人を選任する運用がされています。

①Q　裁判所から通訳の依頼があった場合に確認しておく事項は何ですか。
　A　①裁判所名，②担当裁判部と書記官の氏名，③内線番号，④通訳言語，⑤事件名，⑥被告人の氏名，⑦公判期日，⑧公判の予定所要時間，⑨弁護人が決まっていればその氏名と連絡先，⑩弁護人の国選，私選の別，⑪公判前整理手続や，即決裁判手続による審理が予定されているか，⑫裁判員の参加する裁判（以下「裁判員裁判」といいます。）であるかどうかなどを確認しておくとよいと思います。また，被告人が複数になると公判時間が長くなるとともに別々の日時に接見に同行することになるため，時間を要することに留意してください。

②Q　捜査段階で通訳した事件について法廷通訳を依頼された場合にはどうしたらよいですか。また，捜査段階で共犯者の通訳を行っている場合はどうですか。

A　裁判所は，捜査段階でどのような通訳人が付いたのかを知らないのが通常です。したがって，まずその旨を書記官に伝えてください。そのような場合には基本的には他の通訳人に依頼することになりますが，他に適格な通訳人の確保が困難な場合には通訳を再度依頼することもあります。その場合には御協力をお願いします。なお，共犯者の通訳の場合も基本的には同様です。

第4節　公判前整理手続

　公判前整理手続とは，充実した公判審理を集中的・連日的に行うことを目的として，裁判所が，検察官及び弁護人の出席のもとで行う非公開の手続をいいます（事案によっては，検察官及び弁護人が出席せず，書面のやりとりによって行うこともあります。）。

　公判前整理手続は，裁判員対象事件では必ず実施されますし，それ以外の事件では，裁判所が，充実した審理を集中的・連日的に行うために必要であると認めた場合に実施されます。そこでは，①事件の争点は何なのか，②公判において，どの証拠を，どういった順序で取り調べるのか，③公判期日をいつ行い，その期日での具体的な進行はどうするのかなどといったことが決められます。

　公判前整理手続においては，被告人は，裁判所が特に出頭を求めない限り，その期日に出頭する義務はありません。したがって，被告人が期日への出頭を希望せず，裁判所で

も特に出頭を求めない場合には，被告人不出頭のままで行われます。

①Q　公判前整理手続で通訳を行うことはありますか。
　A　公判前整理手続期日に日本語を理解しない被告人が出頭する場合には，そこで行われた手続について通訳を行うことになります。なお，被告人が出頭しない公判前整理手続期日について通訳を依頼することはありませんが，期日直前になって被告人が出頭することになった場合には，急に通訳を依頼することもありますので，その場合には御協力をお願いします。

②Q　公判前整理手続では，公判審理に比べて，通訳はかなり困難なものになるのではないですか。
　A　従前の公判審理に比べて，難しい手続が行われるわけではありませんが，事案によっては，裁判所と当事者との間で，専門的な法律用語を用いた細かいやりとりがされることもあります。そのような場合，通訳のやり方について，あらかじめ裁判所と相談しておくとよいでしょう。

③Q　公判前整理手続が実施された事件の審理について，通常の事件と異なる点はありますか。
　A　公判前整理手続が実施された事件では，その後の公判期日において，検察官の冒頭陳述の終了後，弁護人

の冒頭陳述（弁護側の主張があるとき）及び公判前整理手続の結果を明らかにする手続（６６ページの参考例参照）が行われます。

また，証拠申請やこれに対する意見の聴取，証拠を取り調べるかどうかなどに関する裁判所の決定は，通常，公判前整理手続で既に行われているため，冒頭陳述や結果顕出の手続が終了した後は，引き続き証拠の取調べが行われます。

第５節　第１回公判期日の指定

裁判所が公判の期日を指定する際には，あらかじめ通訳人との間で日程の調整を行った上で期日の指定を行っています。

また，弁護人は，第１回公判期日前（公判前整理手続期日が開かれる場合には，その第１回期日前）に被告人と接見し，日本の刑事裁判手続や起訴状の内容等を説明するとともに，事件について打合せをする必要がありますので，裁判所は，それらに要する日数にも配慮して期日を指定しています。

Ｑ　期日の打合せをする上で留意すべき事項は何ですか。

Ａ　公判後に予定を入れている場合等で時間に制約があるときには，「何時から次の予定が入っていますから，何時までしかできません。」というふうに，具体的に書記官に伝えてください。また，その期日については通訳を

することが可能な場合でも，その期日の直後から旅行に出かけるとか，他の仕事の関係などでしばらく法廷通訳を引き受けられない場合には，「いつからいつまでは引き受けられません。」ということを，事件の依頼があった際にはっきり伝えてください。

第6節　裁判所と通訳人との連絡及び通訳人の事前準備

通訳人として選任されることが決まった場合には，書記官から，第１回公判期日の通知（公判前整理手続期日に被告人が出頭する場合には，その期日の通知）がされるとともに，当該期日に在廷してほしいという依頼があります。また，法廷通訳の準備のために，起訴状写しを郵便等で送付します（公判前整理手続の場合には，当事者から提出された書面が送付される場合もあります。）。裁判所によっては，起訴状写しなどとともに，裁判部（裁判官名），書記官名，裁判部の電話番号，被告人の勾留場所，裁判所の近辺の地図等の必要事項を記載した事務連絡文書を送付することもあります。

なお，第１回公判期日前には，通訳人の準備のために検察官が作成した冒頭陳述書又は冒頭陳述メモ，書証の朗読（要旨の告知）のためのメモ（結審予定の場合には，さらに検察官作成の論告要旨，弁護人作成の弁論要旨）が交付されるのが一般的です。

①Q　法廷通訳の経験のない通訳人の場合，事前の準備と

してどのようなことが考えられますか。

A　事前に他の事件の法廷傍聴をしておくこと，法廷通訳ハンドブックを読むなどして勉強しておくこと，刑事裁判手続を分かりやすく説明した外国人事件用ビデオを裁判所で見せてもらうこと，裁判官又は書記官から手続の説明を受ける機会があればそれも活用することなどにより，刑事裁判手続の流れや法律用語などについて勉強しておくのがよいでしょう。また，冒頭陳述書等をできるだけ早く入手できるように，書記官から検察官や弁護人に伝えてもらうとよいでしょう。さらに，法廷に立ち会う際には，メモ取りの準備をしておくことが不可欠ですし，日ごろから通訳スキルを磨くための様々なトレーニングをしておくことも重要です（第１編第１章③Ｑ＆Ａ（２ページ）参照）。

②Q　通訳の準備のために，検察庁に事件の記録を見に行くことはできますか。

A　公判前の段階では，事件に関する書類は非公開とされていますから，一般的には見ることはできません。

③Q　どのような書面が事前に通訳人に交付されていますか。

A　事件によって異なりますが，一般的には，冒頭陳述書又は冒頭陳述メモ，書証の朗読（要旨の告知）のためのメモ，論告要旨，弁論要旨が交付されています。

なお，このように通訳人には準備のため訴訟に関する書面が交付されますが，これらの書面は一切他に見せてはいけません。

④Q　事前に交付された書面によく分からない点がある場合にはどうしたらよいですか。
　A　書面を作成した検察官，弁護人に確認することが望ましいと思われます。一般的な法律用語の意味の確認程度であれば，とりあえず書記官に確認するということでもよいでしょう。
　　なお，法廷で提出される前の段階では，このような書面は，裁判所の手元にはないことを承知しておいてください。

第7節　弁護人の接見への同行

　外国人被告人の場合，日本の裁判制度に対する知識がほとんどないことが原因で不安に陥ることが少なくありません。弁護人はその職務として，起訴後できるだけ早い時期に被告人と接見し，起訴状の内容を説明して言い分を聴くとともに，日本の裁判制度等についても十分に説明することが求められています。

　そこで，国選弁護事件においては，裁判所では弁護人に対して，あらかじめ通訳人予定者の氏名，電話番号等を通知し，弁護人が希望すれば通訳人予定者を接見に同行できるように配慮することにしています。

また，一定の事件については，起訴される前の段階で，被疑者の請求により国選弁護人が選任されることがあります。この場合には，国選弁護人や国選弁護人の候補者の指名等に関する業務を行う日本司法支援センター（法テラス）から，接見への同行を依頼されることがあります。

　したがって，裁判所や国選弁護人等からそのような依頼があれば，御協力をお願いします。

　なお，国選弁護事件において，弁護人の接見に通訳人が同行した場合には，弁護人から報酬や費用の支払を受けることができます。

①Q　弁護人の接見に同席した場合に留意すべき事項は何ですか。

　A　被告人から尋ねられても，絶対に自己の氏名や連絡先を教えてはいけません。被告人から理由を尋ねられた場合には，「教えてはいけないことになっています。」と答えてください。

　　また，弁護人にも通訳人の氏名等を被告人に対して紹介することのないよう話をしておくとよいでしょう。

　　さらに，接見の際に，被告人の話し方の癖等を把握しておくと，法廷通訳をする際に役立ちます。

②Q　接見の通訳をした際に，アクセントが強かったり，方言が交じっていたりして被告人の話す言葉が分かりづらかったり，逆に被告人が通訳人の通訳内容を理解

していないと思われた場合には，どうしたらよいですか。

A　弁護人にその旨を告げるとともに，書記官にもそのことを伝えてください。コミュニケーションがどの程度取れているのか，取りにくい原因は何かなどを考慮して，裁判官が，被告人にゆっくりあるいは繰り返し話すように促すことでまかなえるかどうか，又は通訳人の交替をしてもらうかなどの措置を検討することになります。

③Q　被告人が他の言語の通訳を希望している場合にはどうしたらよいですか。

A　被告人の希望を書記官に伝えてください。同時に，そのままの言語でも意思疎通が可能である場合にはそのことを伝えるとともに，その程度などについても伝えてください。

④Q　被告人から，裁判の見通しについて尋ねられた場合にはどうすればよいですか。

A　「通訳人はそのような質問に答えてはいけないことになっています。弁護人に相談してください。」と答えるべきです。勝手に見通しを告げることはしないでください。

⑤Q　被告人から，家族に手紙を渡してほしいとか，差し

入れをするように家族に頼んでほしいというようなことを頼まれた場合にはどうしたらよいですか。
　A　「通訳人はそのようなことをしてはいけないことになっています。弁護人に相談してください。」と答えるべきです。

⑥Q　弁護人から，被告人に差し入れをするよう被告人の家族に頼んでほしいと依頼された場合にはどうしたらよいでしょうか。
　A　自分で依頼の適否について判断するのではなく，「裁判所に確認を取ってからでないとできませんので，裁判所に依頼の趣旨を伝え，確認を取ってください。」と言ってください。

⑦Q　被疑者段階での接見に同行した場合と，起訴後の接見に同行した場合とで，留意すべき点に違いはありますか。
　A　基本的には，どちらの接見においても留意点に違いはありません。
　　ただし，被疑者段階では，事件はまだ裁判所において審理すべき状態にあるわけではないので，裁判官や書記官から具体的な指示を受けることはできません。
　　疑問点が生じた場合には，適宜弁護人に相談して，その指示を受けてください。

⑧Q　接見に同行した後に留意すべき事項がありますか。

A 被疑者や被告人には、接見交通権といって、立会人なくして弁護人と接見する権利が認められています。

そして、通訳人は特別に接見に同行することを許されているのですから、接見の際に交わされた被疑者又は被告人と弁護人とのやりとりを外部に漏らすようなことは、絶対に慎んでください。

このことは、裁判官や書記官に対してであっても同じです。

第4章 公判手続
第1節 法廷通訳一般

①Q 通訳をする際には、直接話法（・・・です。）の形で通訳をすべきでしょうか、間接話法（・・・だそうです。）の形で通訳をすべきでしょうか。

A 話者が話した内容で通訳すべきですから、直接話法の形で通訳してください。

②Q 被告人等が発言しない場合には、通訳人から発言するように促すべきでしょうか。

A 通訳人は法廷で自ら発言することは原則的にないと心得ておいてください。特に被告人には、黙秘権がありますから、勝手に発言を促すようなことをしてはいけません。

③Q　連続して行う通訳時間について希望がある場合にはどうしたらよいですか。また，通訳中に休憩を取りたい場合にはどうしたらよいですか。

　A　通訳人の方からは，1時間半から2時間くらいで休憩を入れてほしいという意見が多いようです。経験が少ない通訳人の場合には，もっと短い時間で休憩が必要になることも考えられます。要望があれば，事前に書記官に伝えておいてください。また，疲労が激しい場合などには，開廷中であっても書記官にそのことを告げて裁判官に伝えてもらうとよいでしょう。

④Q　被告人から不信感を持たれているなどの問題があると感じた場合には，どうしたらよいですか。

　A　信頼関係に問題があると感じる場合には，書記官にそのことを伝えてください。不信感の背景には，例えば被告人が日本の裁判制度を誤解していることが原因になっていることもあります。その場合には，裁判官や弁護人から被告人に対し，日本の裁判制度について説明することになります。

⑤Q　法制度，習慣，文化の異なる被告人の通訳を行うに当たって，配慮すべき事項がありますか。

　A　法制度や歴史的背景の違い等から，被告人が通訳人に対し敵対心を持つことや，逆に被告人の言おう

とする本当の意味が分からないことがあると思われます。したがって，法廷通訳を行うに当たっては，語学的な面だけでなく，その国の文化や法制度等を理解するよう日ごろから努めてください。

⑥Q　被告人の陳述について，配慮すべきことがありますか。特に罪状認否についてはどうですか。

　A　裁判所も留意していますが，被告人によっては，陳述の際，一度にたくさん話し出すことがありますので，法廷に入ったらすぐにメモの準備をしておくことなどが必要です。

　　特に罪状認否は重要な手続ですので，慎重に通訳をする必要があります。被告人がうなずいた場合にも安易に「はい。」と通訳をするようなことは避けてください。

⑦Q　被告人が，弁護人の接見の際と異なることを述べた場合にはどうすればよいですか。

　A　証拠となるのは，公判廷での発言ですから，接見の際の内容にかかわらず忠実に通訳すべきです。この場合には，接見の際の被告人の発言に影響されるようなことがあってはいけません。

⑧Q　書面を事前に交付された場合には，どのようなことに留意したらよいですか。

A　分からない法律用語，読めない地名，人名等がある場合には早めに尋ねておく必要があります。書証の要旨の告知のために証拠等関係カードが交付されている場合には，略語表（１８５ページ参照）で書証の表題を確認しておくとよいでしょう。

ただ，事件の進行によっては，事前に交付された書面の内容が変更されることがありますので，柔軟に対応する必要があります。

第２節　開廷前の準備

開廷前には，裁判官又は書記官と通訳人との間で，その期日に予定された手続を確認するとともに，必要な書類や送付した書類等が手元に届いているかどうか確認することもあります。この際に書類の中に分からない用語がある場合には，説明を求めるとよいでしょう。

なお，通訳人には守秘義務がありますから，これらの書類の取扱いには細心の注意を払ってください。

①Q　開廷前に準備しておく必要のあるものは何ですか。

A　早めに書記官室へ行って（直接法廷に行くように言われる場合もあります。），宣誓書の署名，出頭カードの記載，報酬関係の書類への記載をする必要があります。印鑑を持っている方は，このときに使いますので，印鑑を持参してください。

②Q　開廷前の時間はどのように過ごすとよいでしょうか。
　A　早めに法廷に行って，自分の座る位置を確認し，メモや起訴状等の書面を通訳する順序に重ねておくなどの準備をしておくと落ち着いて通訳できるでしょう。
　なお，開廷前に勝手に被告人や被告人の関係者と話をしないようにしてください。

第3節　公判廷での手続

1　通訳人の宣誓等

　まず，裁判官が，通訳人が本人であるか否かを確認する手続（人定尋問）を行います。

　続いて，宣誓していただきます。宣誓書を手に持って，声を出して読んでください。宣誓する場所については，裁判官の指示に従ってください。

Q　通訳人の宣誓の際に氏名住所等を言いたくない場合にはどうすればよいですか。
A　勾留質問の際と同様，あらかじめ人定事項を記載した書面をもとに，裁判官が「このカードに記載されているとおりですね。」と尋ねるのが一般的です。
　念のため，事前に書記官にその旨を伝えておいてください。

2　被告人に対する宣誓手続等についての説明

　裁判官の指示に従って，被告人に対し，自分がこの裁判に

おいて裁判所から通訳を命じられたこと,そして誠実に通訳することを宣誓した旨を告げてください。

なお,これ以降は,着席のまま通訳していただいて差し支えありません。

3 被告人の人定質問

裁判官は,被告人に対して,証言台の前に進み出るよう命じ,氏名,生年月日,国籍,日本における住居及び職業を尋ねます。

4 起訴状朗読

検察官が起訴状記載の公訴事実,罪名及び罰条を朗読します。

なお,性犯罪等の事件については,起訴状に記載されている被害者の氏名や住所などの被害者を特定させる事項を法廷において明らかにしない旨の決定(以下「被害者特定事項の秘匿決定」といいます。)がされることがあります。この場合には,起訴状に記載されている被害者の氏名や住所等は明らかにされず,「被害者に対し」であるとか,「○○市内の被害者方において」などと朗読されます。

①Q 起訴状につき,外国語に的確な訳語がない場合はどのようにすればよいですか。

A 起訴状朗読では,起訴状に記載されている内容を忠実に通訳する必要がありますが,中にはぴったりと当てはまる訳語がない場合もあります。そのような場合には,説明を付加して訳さざるを得ないことになります。用語

の意味内容について不安がある場合には，事前に書記官に相談してください。

②Q　被害者特定事項の秘匿決定がされた場合には，検察官が朗読したとおりに通訳すべきですか。それとも，起訴状に記載されている内容のとおり通訳すべきですか。
　A　必ず検察官が朗読したとおりに通訳してください。被告人には，起訴状朗読後に起訴状及び起訴状概要の翻訳文が示されますので，朗読されなかった部分を通訳する必要はありません。

5　黙秘権の告知
裁判官が被告人に対し，黙秘権を告知します。

6　事件に対する被告人の陳述
裁判官が被告人に対し，公訴事実についての認否を尋ねます。

7　弁護人の意見
裁判官が，公訴事実について，弁護人に意見を求めます。これが終わると，被告人は，裁判官の指示で着席します。

8　ワイヤレス通訳システムの利用
ワイヤレス通訳システムとは，送信機を装着した通訳人が小声で通訳を行い，それを受信機のイヤホンを通じて被告人に伝える装置です。公判廷における日本語での発言のうち，事前に通訳人に書面が交付された手続部分について，日本語での発言に並行して，あらかじめ準備した通訳内容を伝える

形で同時進行的な通訳ができるようにするものです。したがって,このシステムはいわゆる同時通訳とは異なるものです。

これにより,手続を中断することなく,被告人に通訳内容を伝えることができることになるため,審理時間の短縮,ひいては通訳人の負担の軽減を図ることができるとともに,短縮された時間を証人尋問や被告人質問に充てて審理の充実を図ることができます。

このシステムは,法廷では次のように運用されています。

(1) 通訳人が送信機を,被告人が受信機を,それぞれ使用する。

(2) 冒頭陳述,書証の要旨の告知,論告,弁論などのように,検察官又は弁護人があらかじめ準備し,通訳人に交付してあった書面を法廷においてそのまま朗読する手続に使用し,起訴状朗読,証人尋問,被告人質問及び判決宣告には使用しない。

---

①Q　ワイヤレス通訳システムを利用する場合に,通訳人として留意すべき事項は何ですか。

　A　まず,事前に交付された書面の内容を通訳できるように十分に準備をしておく必要があります。

　　また,被告人がワイヤレス通訳システムの使用を拒んでいるときは,その旨裁判所に伝えてください。

　　当該機器はささやくような声で話をしても被告人に聞こえるようになっています。できる限り声を落として通訳してください。

②Q　ワイヤレス通訳システムを使用する際には，検察官や弁護人が書面を読む速度に合わせて該当部分を通訳すべきですか。

A　書面の内容を通訳するわけですから，検察官や弁護人が書面を読む速度に合わせる必要はありません。むしろ，被告人に書面の内容を理解させる速度で通訳をすることが重要です。

9　証拠調べ手続

(1)　冒頭陳述

「この裁判で検察官が証拠により証明しようとする事実は，以下のとおりである。」などと告げた後，検察官が冒頭陳述を行います。

なお，公判前整理手続が実施された場合で，弁護側の主張があるときには，検察官の冒頭陳述の後に弁護人の冒頭陳述が行われ，引き続き公判前整理手続の結果を明らかにする手続が行われます（６６ページの参考例参照）。この場合，証拠申請等に関する以下の(2)から(4)の手続は，通常，公判前整理手続の中で既に行われているため，この後は(5)の証拠の取調べが行われることになります。

Q　冒頭陳述は一括して通訳するのでしょうか，それとも一文ごとに区切って通訳するのでしょうか。

A　一括して通訳する場合が多いと思われますが，書面が事前に交付されていないような場合には，一文ごとに通

訳をすることもあります。

(2) 検察官からの証拠申請

通常，冒頭陳述に引き続いて検察官が「以上の事実を立証するため証拠等関係カード記載の証拠を申請します。」などと述べます。

(3) 検察官の証拠申請に対する弁護人の意見

検察官の証拠申請に対して，弁護人が同意，不同意などの意見を述べます。同意，不同意という言葉は通常の日本語の意味とは異なる意味を持つものですから，その意味をしっかりと理解しておく必要があります。

また，この際に具体的な事実を示して，信用性がないとか，違法収集証拠であるというような主張がされることもありますので，メモを取る準備をしておく必要があります。

(4) 裁判所の証拠採否（証拠を採用するか却下するか）の決定

弁護人の同意がない限り，原則として証拠書類については，証拠調べをすることはできません。裁判所は，弁護人が同意した証拠書類について，必要性や相当性を判断した上，証拠として取り調べることを決定します。弁護人が不同意とした証拠については，それに代えて，証人尋問の請求がされることもあります。

(5) 採用された証拠の取調べ

ア 証拠書類の内容の要旨の告知（又は朗読）

交付された証拠等関係カードのうち採用された証拠書

類については，検察官が要旨を告知（又は朗読）するので，その順に，その内容を通訳してください。

イ　証拠物の展示

証拠物の取調べは，検察官が採用された証拠物を法廷で示すことによって行いますが，このとき被告人に対する質問をする場合があります。すなわち，被告人が，裁判官の指示により証言台に進み出た後，検察官は被告人に対し，「検察官請求証拠番号〇〇番の・・・・を示す。」と述べ，「あなたは，この・・・・に見覚えがありますか。これはあなたの物ですか。」などと質問します。

(6)　証人尋問

ア　証人の宣誓及び虚偽の証言に対する注意

証人が宣誓した後，裁判官から証人に対して，虚偽の証言をすると偽証罪で処罰される旨の告知があります。

イ　通訳の方法

(ア)　外国語を使用する証人の場合

a　被告人と同じ言語の場合

日本語の尋問→通訳→証人の供述→通訳の順に行います。

b　被告人と異なる言語の場合（次の２通りがあります。）

(a)　日本語の尋問→証人に対する尋問の通訳→被告人のための尋問の通訳→証人の供述→日本語への通訳→被告人のための供述の通訳の順に行う方法

(b)　日本語の尋問→証人に対する尋問の通訳→証人の供述→日本語への通訳→被告人のための尋問と供述の通訳の順に行う方法

(a)の方法が原則ですが，この方法では，通訳の間に，証人が質問の内容を忘れてしまうことなどもありますので，これに代えて，(b)の方法を採ることもあります。

(イ)　日本語を使用する証人の場合（次の2通りがあります。）

a　日本語の尋問→通訳→証人の供述→通訳の順に行う方法

b　日本語の尋問→証人の供述→尋問と供述の通訳を行う方法

aの方法が原則ですが，前記(ア)bと同じ理由でbの方法を採ることも多いようです。

なお，情状証人の場合には，ある程度尋問と供述を続けた後，裁判官が通訳人に供述の要旨を告知し，まとめて通訳してもらうこともあります。

ウ　証人の不安や緊張等を緩和するための措置

犯罪によって被害を受けた方等が証人として証言する場合，不安や緊張を緩和するため，次のような措置をとることが認められています。

(ア)　証言をする際，家族等に付き添ってもらうことができます（付添い）。

(イ)　証人と被告人や傍聴席との間につい立てなどを置

き,被告人や傍聴席の視線を気にせず証言することができます(遮へい)。

(ｳ) 事件によっては,法廷とテレビ回線で結ばれた別室で証言することもできます(ビデオリンク)。

なお,遮へいの措置をとった際に,被告人の様子が見えにくく,通訳をするに当たって支障がある場合には,裁判官に申し出てください。被告人の着席位置を変更したり,つい立ての位置を調整するなど,裁判官が適宜判断し,対処することになります。

---

①Q 質問とそれに対する答えがちぐはぐになった場合には,答えをそのまま訳すべきですか,それとも,もう一度聞き直すべきですか。

A ちぐはぐのまま通訳してください。気になるようなら裁判官に,「かみ合っていませんけれども通訳としてはそのまま伝えます。」と告げるとよいでしょう。

---

②Q 質問の意味が不明瞭であったり,同音異義語でどちらの意味かはっきりしないような場合にはどうすればよいのですか。

A 裁判官の許可を得て確認すべきです。

---

③Q 証人の発言等について,重要でないと思われる部分については通訳を省略してよいですか。

A　省略してはいけません。できる限り忠実に通訳してください。一部を省略したり内容をまとめたりすることはしないでください。

④Q　証人尋問の通訳を行う際には，どのような態度で行えばよいですか。
A　証人に対して中立な立場で接し，その証言等に対して，仮に不信や同情等を感じても，表情に出さないようにしてください。

⑤Q　証人があいまいな返事をしたり，証言をしている途中で，言い直しをした場合には，どのように通訳すべきですか。
A　そのまま通訳をすべきです。内容を明確にさせるためや供述の矛盾を整理するため聞き直して供述を引き出したり，通訳人が勝手に解釈して断定的な通訳をしてはいけません。

⑥Q　証人の答えが長すぎて通訳しにくい場合には，どうしたらよいですか。
A　手を上げるなどして，裁判官に答えが長すぎて通訳しにくいことを伝えてください。そうすれば，裁判官が答えを一文ずつ区切って通訳するように指示したり，尋問者に対して問いを工夫してもらうよう指示するなど，適宜判断し，対応してくれます。

⑦Q　証言の内容が高度に専門的,技術的であるなどの理由により,そのまま通訳をすることに無理があると感じた場合には,どうしたらよいですか。
　A　直ちにそのことを裁判官に告げてください。分かる部分だけを通訳するようなことは,しないでください。
　　　可能であれば平易な内容に証言をし直してもらうなどの措置を採ることになります。

⑧Q　証人との間で,アクセントや方言のためにコミュニケーションが取りづらいときには,どうしたらよいですか。
　A　直ちにそのことを裁判官に告げて,指示を待ってください。程度にもよりますが,ゆっくり証言させたり,繰り返し証言することにより手当てができるのであれば,そのような方法を採ることになります。

⑨Q　通訳をする際には,発言者の表現を忠実に再現するべきですか。
　A　発言者と同じ表現を使ってください。例えば丁寧語を用いるなどして表現方法を改めるようなことはしないでください。

⑩Q　証言の途中で,例えば大きさや高さや量を示すために,証人が身振り手振りをした場合には,身振り

手振りも含めて通訳すべきですか。
A　言葉だけを通訳すればよく,身振り等を繰り返す必要はありません。

⑪Q　答えが聞き取れないなどの理由により,答えを繰り返してほしいと思ったときはどうすべきですか。
A　裁判官に,「聞き取れませんでしたので,証人に答えを繰り返すように頼んでもいいですか。」と断ってから頼んでください。

⑫Q　尋問に対して異議が出された場合には,どのようにしたらよいですか。
A　異議に対する意見,判断などの一連のやりとりを逐一通訳するのか,あるいは,やりとりが終わった後に裁判官が通訳すべき範囲をまとめて,それに従って通訳するのかなど,裁判官の指示に従って対応してください。ただ,一連のやりとりは,メモに取っておくとよいでしょう。

⑬Q　証言中の語句,言い回し等を理解できない場合や,通訳できない場合にはどうしたらよいですか。
A　証言の繰り返しや別の言葉での表現を頼んでよいかについて裁判官の許可を得てください。

⑭Q　証人等が人数や性別がはっきりしない代名詞を使った場合には,どうしたらよいですか。

A　そのために完全な通訳ができないことを裁判官に告げて，その部分をはっきりさせるように質問してよいかどうかの許可を得てください。

⑮Q　質問者が名前や数字を間違って質問している場合でもそのまま通訳すべきですか。
　A　そのまま通訳すべきです。誤りの指摘や訂正についても裁判官や検察官，弁護人に任せてください。
　　ただ，明らかに誤解に基づく場合で，だれも気が付いていないと思われるときには，その旨を裁判官に指摘してください。

⑯Q　通訳に関し，正確性について疑問がある旨の指摘を受けた場合にはどうしたらよいですか。
　A　裁判官の指示を待ってください。裁判官の許可があるまで，正確性について自分の意見を述べるのは差し控えてください。通常，裁判官は，問題とされた供述等を引き出す発問からやり直してもらい，あるいは発問の仕方を変えて平易な表現でその点を聞き直させることにより処理する場合が多いと思われます。

⑰Q　質問や発言の中に寸法や重量，外国通貨の量が含まれている場合には，日本のそれらのものに換算すべきですか。

A 自分で換算する必要はありません。換算は,基本的には裁判官,検察官又は弁護人が行います。

　暦についても一度そのまま通訳してください。その後,換算に関するやりとりがあった場合にはそれを通訳し,また,裁判官から西暦等に換算した上で通訳するように指示された場合には,それに従ってください。

⑱Q　図面を利用した尋問等の場合に,留意する事項は何ですか。

A　被告人が「ここ。」とか「あそこ。」と発言した場合でもそのとおり通訳する必要があります。また,複雑な尋問の場合には,書記官に頼んで図面の写しを準備してもらうとよいでしょう。

⑲Q　仲間うちでだけ用いられる特殊な用語が使用された場合には,通常の言葉に直して通訳すべきですか。

A　そのまま通訳する必要があります。そして,必要があれば裁判官等が続けて質問しますので,それを待つべきです。

⑳Q　鑑定証人の尋問の場合に留意すべき事項は何ですか。

A　難しい専門用語を通訳する必要がありますので,あらかじめ尋問の際に使用すると思われる用語につ

いては調べておく必要があります。また，尋問の中に理解できない言葉がある場合には，遠慮なく申し出てください。専門用語を調べる時間が必要な場合には，その旨申し出てもよいでしょう。

10 被告人質問

被告人は，宣誓することはありません。なお，通訳は，日本語の質問→通訳→被告人の供述→通訳の順序で行うのが一般的です。

①Q　被告人が質問の内容を理解していないと思われる場合にはどうしたらよいですか。
　A　通訳人の判断で被告人に説明したりせず，よく理解できていないということを裁判官に告げてください。

②Q　被告人が個人的に話しかけてきた場合にはどうすべきですか。
　A　会話に応じないで，身振りなどで，会話はできないことを示してください。実際に話しかけられた場合は，その内容を裁判官に伝えてください。

11 論告

検察官の事件に関する最終的な意見が述べられます。検察官から事前に「論告要旨」と題する書面（ただし，求刑部分を空欄としたもの）が交付されるのが一般的です。書面が交

付されている場合には，検察官の意見陳述後に，この書面に基づいて通訳してください。また，この場合には，ワイヤレス通訳システムを利用することが多いと思われます。

なお，被告人が求刑の意味を理解していない場合には，裁判官が補足説明をすることがあり，その場合には，それを通訳することになります。

Q　論告の際に留意する事項は何ですか。
A　求刑は，あくまでも検察官の意見ですが，判決を宣告されたと誤解する被告人も多いです。通訳人の方もこの点についてはよく理解しておいてください。

　なお，論告要旨が事前に交付される場合でも，求刑のところは空欄になっている場合がほとんどです。したがって，求刑についてはその場で検察官が述べた内容を正確に聞き取り，通訳するようにしてください。聞き漏らした場合には，検察官に確認してください。

12　弁護人による弁論

弁護人の事件に関する最終的な意見が述べられます。弁護人からあらかじめ「弁論要旨」又は「弁論メモ」と題する書面が通訳人に交付され，通訳はこれに基づいて行うのが一般的です。弁論要旨等を事前に交付してある場合には，ワイヤレス通訳システムを使用することが多いと思われます。

弁護人が，弁論要旨等を事前に準備していないときは，弁護人は通訳できるよう適当な範囲で区切って弁論し，通訳人

は順次通訳する運用になることが多いと思われます。

> Q　ワイヤレス通訳システムを使用する論告・弁論の手続で，検察官が被告人の弁解内容に対応して，事前に交付した論告要旨の書面の内容を一部訂正，追加したり，弁護人が論告の内容に対応して弁論要旨の内容を同様に変更した場合にはどうしたらよいですか。
> A　検察官又は弁護人が訂正，追加した部分を通訳人に指摘しますので，それに基づいて通訳することになります。

13　被告人の最終陳述

裁判官が，被告人に対し，「これで審理を終えますが，最後に何か言いたいことがありますか。」などと尋ねます。被告人は，証言台に進み出て陳述する場合がありますので，その内容を通訳してください。

14　次回期日の指定

裁判官が次回期日を指定しますので，その期日と，次回期日に何を行うかについて，裁判官の説明したことを通訳してください。被告人の最終陳述が終わっていれば，次回期日には判決が言い渡されることになります。

続行期日，判決宣告期日を指定する際には，通訳人と調整して期日を指定することになります。特に，継続して開廷する場合には，通訳人との関係で期日を一括指定することもありますから，自分の都合を何か月か先まで正確に把握しておく必要があります。

15　判決宣告の手続

判決宣告の手続については，法廷通訳参考例（８４ページ）を参考にしてください。

判決書の内容は事前に外部に漏れると困りますので，当日までは見ることができません。ただ，判決を正確に通訳できるようにするため，通訳人用の判決要旨，判決写しを作成し，裁判所によっては，これを判決宣告期日の開廷１０分ないし３０分くらい前に通訳人に交付し，事前に目を通してもらうといった運用もされています。この場合に，判決要旨等を交付した後は書記官室から出ないようにしてもらっているようです。裁判所がどのような方法を採っているのかを確認するとよいでしょう。また，判決の要旨等がないと通訳に不安がある場合には，あらかじめ書記官にその旨を申し出るとよいでしょう。

いずれにしても，判決宣告期日には少し余裕をもって裁判所に行くとよいでしょう。

なお，判決宣告手続にはワイヤレス通訳システムは使用しない取扱いです。

①Q　判決宣告期日の公判に要する時間は，どれくらいを予定しておけばよいですか。

A　事件によって異なりますので，裁判官にどの程度時間を取っておけばよいか確認してください。

一般的には，被告人が否認している事件は，自白事件よりも時間を要することになります。

さらに，判決宣告期日に弁論を再開して証拠調べ等を行うこともありますので，注意してください。

②Q　執行猶予の説明を通訳する際に留意すべき事項は何ですか。

A　執行猶予の説明は，被告人には分かりにくい面がありますので，裁判官もできるだけ分かりやすい説明をするように心掛けています（８６ページの参考例参照）。それでも被告人が理解していないと思われる場合には，裁判官にそのことを告げてください。

③Q　未決勾留日数の刑への算入の説明を通訳する際に留意すべき事項は何ですか。

A　未決勾留日数の刑への算入の説明も被告人には分かりにくいようですので，裁判官は分かりやすい説明を心掛けています（８６ページの参考例参照）。通訳人においても書記官に尋ねるなどして内容をよく理解しておいてください。

16　上訴期間等の告知

有罪の判決の場合には，裁判官は被告人に対して上訴期間及び上訴申立書を差し出すべき裁判所を告知します。

17　即決裁判手続

即決裁判手続とは，争いのない明白軽微な一定の事件について，検察官からの申立てにより，裁判所が決定に基づいて

行う手続です。この手続には，①起訴されてから公判期日までの期間が短いこと（できる限り，起訴後14日以内の日に公判期日を指定することとされています。），②一般の公判手続と比べ，簡略な方法で証拠調べが行われること，③原則として，即日判決が言い渡され，その判決において懲役又は禁錮の言渡しをする場合には，必ずその刑の執行が猶予されることなどの特徴があります。

> Q　即決裁判手続において留意すべき事項は何ですか。
> A　通常の事件と比べ，起訴されてから公判期日までの期間が短いことから，事案によっては，通訳の依頼が期日の直近になることがあります。その場合には，御協力をお願いします。
> 　また，公判期日において交わされるやりとりについて，通常の手続とは一部異なる部分があります（76ページの参考例参照）。このほか，原則として即日判決が言い渡されるため，判決宣告の通訳の準備をどうするのかを含め，あらかじめ書記官等に手続の流れを確認しておくとよいと思われます。

第4節　裁判員裁判

　　裁判員裁判においては，一般の国民の中から選ばれた裁判員が裁判官とともに審理に参加することから，その審理は集中的・連日的に行われます。これを可能とするために，すべての事件において必ず公判前整理手続が実施され，こ

の中で事前に争点や証拠の整理等が行われます。

　また，法廷での審理内容を裁判員にも分かりやすいものにするため，法廷内で使用される法律用語は，一般の人にも分かるような言葉に言い換えられたり，冒頭陳述等においてプレゼンテーションソフトが用いられる例もあります。さらに，証拠調べにおいても，供述調書等は全文朗読又は限りなくこれに近い要旨の告知の方法によって取り調べられているほか，証人に法廷で直接証言してもらうことも増えています。なお，プレゼンテーションソフトが用いられる場合には，示された文書や画像などの内容をスムーズに通訳することができるように，事前に裁判所や訴訟関係人と打合せをしておくとよいでしょう。

①Q　連日的開廷が行われる場合，通訳人の負担はかなり重くなるのではないでしょうか。
　A　裁判員裁判における尋問は，従来よりも争点に即した，簡にして要を得たものとなりますし，また，裁判員の疲労や負担にも配慮して，これまでよりも頻繁に，相応の時間の休憩が取られることになります。したがって，一概に通訳人の負担が重くなるということはありません。

②Q　裁判員裁判を担当するにあたり，事前に裁判所と打合せをしておく必要はありますか。
　A　連日的開廷により，肉体的，精神的疲労が蓄積して

一人で通訳をすることが困難と予想される場合や，日程の都合がつかず，一部の期日に出頭できない場合などには，事前に裁判所に申し出てください。審理中の休憩の取り方や，場合によっては，通訳人を複数選任することなどについて，裁判所が，通訳人の意向も考慮しつつ，個別に判断させていただくことになります。

③Q　公判期日までの準備事項で，これまでと異なる点はありますか。

A　裁判員裁判では，供述調書等は全文朗読又は限りなくこれに近い要旨の告知の方法によって取り調べられることになります。その通訳の準備のため，あらかじめ訴訟関係人から通訳人に資料が交付されることがありますので，それを基に準備しておくとよいでしょう。受け取った書類については，絶対に他人の目に触れることのないよう細心の注意を払うようにしてください。

第５節　被害者参加

殺人，傷害，自動車運転過失致死傷等の一定の刑事事件の被害者や遺族の方等が，裁判所の許可を得て，被害者参加人として刑事裁判に参加し，検察官との間で密接なコミュニケーションを保ちつつ，一定の要件の下で，公判期日に出席するとともに，証人尋問，被告人質問及び事実又は法律の適用についての意見の陳述を行うことができる制度

です。

なお，被害者参加人が日本語に通じない場合にも，通訳をお願いすることになります。

①Q 被害者参加人が発言するのは，具体的にはどのような場面ですか。
　A 情状に関する証人の供述の証明力を争うために必要な事項について証人を尋問する場面，被害者参加人が意見を述べるため必要と認められる場合に被告人に質問をする場面，事実又は法律の適用について意見を述べる場面などがあげられます。なお，被害者参加人が出席する際にも，付添い，遮へいの措置が認められています（２７ページ９(6)証人尋問ウ(ｱ)(ｲ)参照）。

②Q 被害者参加人が意見陳述を行う場合，どのように通訳をすればよいですか。
　A 一文ずつ区切って通訳を行うか，陳述後にまとめて通訳を行うかなど，通訳の方法については，あらかじめ裁判所と相談しておくとよいでしょう。なお，意見陳述が長くなる場合には，被害者参加人が事前に準備していた読み上げ書面に基づいて通訳をしていただく場合もあります。

③Q 被告人から，どうして被害者等が法廷に立ち会っているのかと尋ねられた場合，どのように対応すればい

いですか。

A　そのような場合には，通訳人の判断で被告人に説明したりせず，裁判官に対してその旨を伝え，指示に従ってください。

第5章　その他の留意事項

①Q　判決宣告直後に，弁護人から，被告人に判決の内容やその後の手続について説明をするための通訳を依頼された場合はどうしたらよいですか。

A　そのような説明が必要となる場合もありますので，依頼された場合にはよろしくお願いします。

②Q　弁護人以外の者から，被告人と接見等をする際の通訳を依頼された場合にはどうしたらよいですか。

A　公正さに疑いを持たれる行為ですから，断ってください。

③Q　弁護人から上申書等の翻訳を依頼された場合にはどうしたらよいですか。また，その場合の報酬はどのようになりますか。

A　弁護活動を行う際に使用される一定の書面について，国選弁護人からの依頼に基づいて翻訳を行った場合には，弁護人から報酬の支払を受けることができます。依頼を引き受けるに当たっては，事前に報酬等につい

て弁護人から説明を受けておくとよいでしょう。

④Q 通訳費用の負担について被告人から尋ねられたらどうしたらよいですか。
A 弁護人に尋ねるよう告げてください。ちなみに通訳にかかった費用については，裁判実務では被告人に負担させない運用が定着しています。

⑤Q 判決宣告により終了した事件の関係書類はどうしたらよいですか。
A まず，判決要旨は，宣告後すぐに裁判所に返還してください。その他の書類については，裁判所から返還を求められなければ，処分して差し支えありませんが，書類が他人の目に触れないように，処分方法には十分に注意してください。

第２編

控訴審における刑事手続の概要

第２編　控訴審における刑事手続の概要

第１章　控訴審とは

1　上訴制度

上訴とは，未確定の裁判に対して，上級裁判所の審判による救済を求める不服申立ての制度です。

第一審の判決に不服がある場合には，訴訟当事者は，事実誤認，訴訟手続の法令違反，法令適用の誤り，量刑不当などを理由として，高等裁判所に対して上訴（控訴といいます。）することができます。控訴審の裁判所は，第一審が地方裁判所又は簡易裁判所のいかんにかかわらず高等裁判所です。控訴審では合議体で裁判を行います。

控訴審の判決に不服がある場合には，最高裁判所に上訴（上告といいます。）することができます。

2　控訴審の役割

控訴審では，申立人の指摘する控訴理由を中心に，第一審判決の当否を審査することが直接の目的とされます。審理の結果，第一審判決を維持すべきであれば控訴棄却，第一審判決を取り消す必要があれば原判決破棄となります。原判決破棄の場合には，第一審裁判所に事件を差し戻し，又は移送するときと，控訴審の裁判所が自ら事件について判決をし直すときとがあります。

第２章　控訴の申立て等

1 控訴の提起期間

　控訴の申立てのできる期間は，１４日以内と規定されています。この期間は，第一審判決の宣告のあった日の翌日から起算されます。

2 申立ての方式

　第一審の判決（原判決ともいいます。）に対して控訴する場合には，当事者は控訴申立書を第一審の裁判所（原裁判所ともいいます。）に提出して行います。

　控訴の申立てがあったとき，第一審裁判所は，速やかに訴訟記録及び証拠物を控訴裁判所に送付します。

3 上訴の放棄

　上訴の放棄とは，上訴の提起期間満了前に，上訴する権利を放棄することですが，死刑，無期懲役及び無期禁錮のような重大な刑に処せられた判決に対しては上訴を放棄することはできません。

　なお，上訴を放棄した者は，上訴の提起期間内であっても更に上訴を提起することはできません。

4 上訴の取下げ

　上訴の取下げは，上訴審の判決があるまですることができます。

　なお，上訴を取り下げた者は，上訴の提起期間内であっても更に上訴を提起することはできません。

第３章　控訴審の手続
第１節　控訴審の第１回公判期日までの手続

1 弁護人選任に関する手続

　弁護人は審級ごとに選任しなければなりません。したがって，第一審において弁護人を選任していた場合であっても，控訴を申し立てた被告人は，控訴審でも弁護人を選任しようとする場合には，改めて裁判所に弁護人選任書を提出しなければなりません。裁判所の行う弁護人選任照会，国選弁護人選任の手続等については第一審の場合と同様です。照会書については，高等裁判所の依頼に基づいて，第一審裁判所において送付するという取扱いが実務においてされています。

2 通訳人の選任に関する手続

　通訳人の選任については，第一審の場合と同様です。

3 被告人の移送

　控訴審において，被告人が勾留されている事件の公判期日を指定するときは，その旨を検察官に通知しなければなりません。通知を受けた検察官は，被告人の身柄を，速やかに控訴審裁判所の所在地にある拘置所に移送します。

　これは，被告人が控訴審の公判に備えて，弁護人との打合せ等の準備をしたり，自ら公判廷に出頭したりする際の便宜等のためです。

4 控訴趣意書の提出

　控訴趣意書とは，控訴の申立てをした者が控訴審に対して自己の主張である控訴理由を簡潔に指摘した書面です。控訴趣意書は，被告人自身で書いて差し出すことも法律上はできますが，通常は，弁護人が被告人のために作成して差し出しています。

なお，控訴の申立ての理由は，控訴趣意書に記載すればよく，必ずしも控訴申立書に記載する必要はありません。

控訴審裁判所は，控訴趣意書を受け取ったときは，速やかにその謄本を相手方に送達しなければなりません。

＊控訴理由の限定

控訴の理由は，刑訴法に定められており，それ以外の事由を控訴理由とすることはできません。控訴の理由としては量刑不当が最も多く，事実誤認がこれに次ぎ，訴訟手続の法令違反,法令の適用の誤りもよく見られます。

＊控訴趣意書差出最終日の指定

裁判所は，控訴趣意書につき，期間を定めて提出を促します。その期間は，控訴趣意書差出最終日指定通知書を控訴申立人に送付することによって通知します。

5　答弁書の提出

答弁書は，控訴趣意書に対する相手方の意見を記載したもので，書面により控訴審裁判所に差し出すものです。

6　第1回公判期日の指定と被告人の召喚

控訴審においては，被告人は，裁判所が特に出頭を命じた場合以外は公判期日に出頭する義務はありません。しかし，公判期日に出頭し，自ら防御権を行使する権利は保障する必要がありますので，期日が指定されたときは，実務上，被告人に対して公判期日召喚状による召喚の手続がとられています。実際にも，被告人が出頭するケースが圧倒的に多いとされています。

＊被告人に対する出頭命令

裁判所は，５０万円以下の罰金又は科料に当たる事件以外の事件について，被告人の出頭がその権利の保護のため重要であると認めるときは，被告人の出頭を命ずることができます。この出頭命令があると，被告人は，公判期日に出頭する義務が課せられることになります。

第２節　控訴審における公判審理

1　概要

控訴審の公判審理は，まず第１回公判期日で，控訴を申し立てた当事者から控訴趣意書に基づく弁論がなされ，これに対する相手方の答弁があります。必要がある場合は請求又は職権により事実の取調べが実施されます。

事実の取調べが終了すると，当事者の請求により事実の取調べの結果に基づき弁論をすることができます。

弁論が終結されると，判決宣告期日が指定されて，その期日に判決が宣告されます。

＊被告人の弁論能力の制限

裁判所が被告人質問を採用したときには，被告人は訴訟関係人の質問に対して任意の供述はできますが，弁論をすることはできないとされています。したがって，被告人のためにする弁論は，弁護人でなければこれをすることができません。

2　公判期日の手続の流れ

⑴　通訳人の人定尋問と宣誓

第一審と同様の手続で行われます。

⑵　被告人の人定質問

控訴審では，人定質問は必要的なものではなく，出頭した場合でも適宜の方法で人違いでないことを調べれば足りるとされています。実務では，被告人が出頭したときは，人定質問がなされるのが通例です。なお，控訴審でも「被告人」と呼ばれることは第一審と同じです。

　人定質問がされる場合は，第一審と同様に，裁判長が被告人に対し，氏名，生年月日，国籍，日本における住居及び職業を尋ねます。

　＊**黙秘権の告知**

　　控訴審では，黙秘権の告知は必要的ではありませんが，行われることもあります。また，事実の取調べとして被告人質問をする場合に，その実施前に告知することもあります。

(3) 控訴趣意書に基づく弁論

　検察官及び弁護人は，控訴趣意書に基づいて弁論しなければならないとされています。控訴趣意書に記載した事項を基礎としてそれに関連する事項を説明したりすることや，控訴趣意書の範囲内であれば，期間経過後に提出された控訴趣意補充書あるいは控訴趣意補正書等に基づく弁論をすることも許されているのが実務の取扱いです。控訴趣意書の範囲を逸脱したり，趣意書に記載のない新しい主張を付加したりすることは許されません。

　被告人側が控訴を申し立てた場合に，被告人が自ら控訴趣意書を書いて提出することがありますが，被告人には弁論能力がありませんので，弁護人がその判断で被告人提出

の控訴趣意書をも含めて弁論をすることになります。

　控訴趣意書に基づく弁論は，弁護人と被告人との間の打合せにより被告人に控訴趣意書の内容があらかじめ伝わっている場合には，「控訴趣意書記載のとおり」として行われることがほとんどです。被告人に内容が伝わっていない場合などは，弁護人が必要に応じて控訴趣意書の内容を要約したり，自ら要旨を作成して，それに基づき述べたりします。

(4) 控訴趣意書に対する相手方の意見（答弁）

　控訴の申立ての相手方は，答弁書に基づき，又は答弁書の提出がないときは口頭で，控訴申立人の控訴趣意書の内容に反論する弁論をします。

　被告人控訴の場合に，事前に検察官から答弁書が提出されている場合には，「答弁書記載のとおり」として答弁することがほとんどです。答弁書が提出されていない場合には，検察官が口頭で「本件控訴は理由がないので，棄却されるべきである。」などと答弁することになります。

(5) 事実の取調べ

　控訴審の審査は，控訴理由の有無の調査という形で行われますが，事実の取調べはその調査の一方法です。控訴趣意書に包含された事項についての調査は，義務的に行われますが，事実の取調べはその調査に必要な場合に制限されています。

　事実の取調べとしては，第一審における証拠調べの方法にのっとり，証人尋問，検証，鑑定，被告人質問あるいは

書証の取調べなどが行われることになります。

このほか，審理の過程で訴因等が変更される場合もあります。

(6) 事実の取調べの結果に基づく弁論

事実の取調べをしたときは，検察官及び弁護人は，その結果に基づいた弁論をすることができますが，任意的なものです。そして，この弁論は，事実の取調べの結果，控訴理由の存否につき意見をふえんする必要がある場合にその点に限って認められるものです。したがって，事件全般についての意見を陳述する第一審のいわゆる論告や弁論とは性質を異にします。

なお，被告人には弁論能力がないので，事実の取調べの結果に基づく弁論を認めず，その最終陳述も認めない扱いが実務の大勢です。

(7) 次回公判期日の指定・告知

3 判決宣告期日

判決宣告・上訴期間等の告知

（判決主文例については９８ページ，判決理由の例については１１８ページ参照）

＊被告人の収容

第一審判決で禁錮以上の刑の言渡しがされている場合に，控訴棄却の判決があると，保釈又は勾留の執行停止はその効力を失い，新たな保釈又は執行停止がない限り，被告人の身柄については，収容の手続がとられることになります。ただし，控訴審では直ちに収容の手続をとら

ないのが通例です。

第３編

法廷通訳参考例

第3編　法廷通訳参考例

　ここでは，刑事裁判における具体的なやりとりの例を取り上げ，通訳の参考例を対訳の形で収録しています。第1編，第2編の刑事裁判手続の説明と合わせて活用してください。

概要目次
সূচীপত্র

第1章　勾留質問手続 ･･････････････････････････････ 56
I.　অভিযোগ-পূর্ব আটকের প্রক্রিয়া

第2章　公判手続 ･･････････････････････････････････ 62
II.　মোকদ্দমার প্রক্রিয়া

第3章　第一審における判決主文の例 ･･････････････ 88
III.　নিম্ন আদালতের রায়ের মুখ্য অংশের উদাহরণ

第4章　控訴審における判決主文の例 ･･････････････ 98
IV.　'কোসো' আপীল আদালতের রায়ের উদাহরণ

第5章　第一審における判決理由 ･･････････････････100
V.　নিম্ন-আদালতের রায়ের ভিত্তি-প্রমাণ

第6章　控訴審における判決理由 ･･････････････････118
VI.　'কোসো' আপীল আদালতের রায়ের ভিত্তি-প্রমাণ

第1章 勾留質問手続

1 前置き

（裁） 私は，○○地方裁判所の裁判官です。検察官から勾留請求といって，引き続いてあなたを留置してほしいという請求がありました。そこで，これからあなたを勾留するかどうかを決めるために，あなたに対して被疑事実を告げ，それに関するあなたの陳述を聴くことにします。その前にいくつかの注意及び説明をします。

2 黙秘権の告知

（裁） まず第一に，あなたには黙秘権があります。私の質問に対し，始めから終わりまで黙っていてもいいし，個々の質問に対して答えを拒むこともできます。答えないからといって，それだけで不利益な扱いを受けることはありません。

3 弁護人選任権の告知

（裁） 第二に，あなたは自分の費用で弁護人を選任する権利があります。弁護人を選任したいけれども，弁護人の心当たりがないという場合には，弁護士会を通じて選任する方法があります。そのような申出があれば，裁判所から弁護士会に通知しますから，希望する場合は遠慮なく言ってください。

（被疑者国選弁護対象事件の場合）

あなたが経済的な理由などで自分の費用で弁護人を選任することができないときは，裁判官に弁護人の選

পরিচ্ছেদ 1. অভিযোগ-পূর্ব আটকের প্রক্রিয়া

1. প্রস্তাবনা

(জজ/বিচারক) আমি --- জিলা আদালতের একজন বিচারক। সরকারি উকিল সাহিব/সাহিবা, এই আদালতে আপনার অভিযোগ প্রমাণ-পূর্ব আটকের জন্য দরখাস্ত করিয়াছে। সুতরাং আমি, এই সিদ্ধান্ত লইবার উদ্দেশ্যে প্রথমে আমি আপনাকে আপনার উপর কথিত আরোপ পড়ে শোনাবো। ইহার পর, আপনি আপনার মতামত ব্যক্ত করিতে পারিবেন। কিন্তু তাহার পূর্বে আমি কিছু সতর্কতামূলক পরামর্শ এবং সংশ্লিষ্ট অভিযোগ সংক্রান্ত তথ্য আপনাকে জানাইব।

2. নীরব থাকিবার অধিকারের ব্যাখা

(জজ/বিচারক) প্রথমত: আপনার চুপ করিয়া থাকিবার অর্থাত উত্তর না দিয়া নীরব থাকিবার অধিকার আছে। জিজ্ঞাসাবাদ চলাকালীন আপনি নীরব থাকিতে পারেন অথবা কোন বিশেষ একটি প্রশ্নের উত্তর নাও দিতে পারেন। আমার কোন প্রশ্ন উত্তর না দিলেও, মাত্র এই কারণের জন্যই, আপনার অভিযোগে কোনো প্রতিকূল বিচার করা যাবে না।

3. উকিলের রাখার অধিকারের ব্যাখা

(জজ/বিচারক) দ্বিতীয়তঃ, নিজ ব্যয়ে আপনার নিজস্ব উকিল নিযুক্ত করিবার অধিকার আছে। যদি আপনি নিজস্ব উকিল নিয়োগ করিতে চাহেন অথচ নিযুক্ত-করণ পদ্ধতিটি আপনার জানা না থাকে, তাহা হইলে, সে ক্ষেত্রে, আদলত 'উকিল সভা (বার এ্যাসসিয়েশন)'র মাধ্যমে, আপনার পক্ষে কাজ করিবার জন্য উকিল নিয়োগে সাহায্য দিতে পারেন। অতএব, উকিলের ব্যবস্থা করিয়া দিবার জন্য আদালতের নিকট আবেদন জানাইতে দ্বিধা করিবেন না। আপনার আদালতের 'উকিল সভা'কে আপনার অনুরোধ জানাইয়া দিবেন।

(সন্দেহভাজন ব্যক্তি আদালত দ্বারা নিযুক্ত নিজস্ব উকিলের সাহায্য নেওয়ার যোগ্যতা)

যদি আপনি আর্থিক বা অন্য কারণবশতঃ নিজস্ব খরচায় উকীল নিয়োগ করতে অসমর্থ হন, তাহা হইলে আপনি জজকে উকীল নিয়োগ করার

任を請求することができます。この請求をする場合には，資力申告書を提出しなければなりません。また，資力申告書の資力の合計額が５０万円以上の場合には，あらかじめ，○○弁護士会に弁護人の選任の申出をしていなければなりません。

4　勾留の要件の説明

（裁）あなたに，罪を犯したと疑うに足りる相当な理由があり，かつ，住居が不定であるか，証拠を隠滅したり逃亡したりすることを疑うに足りる相当な理由がある場合には，勾留されることになるかもしれません。

5　勾留の期間の説明

（裁）勾留される期間は，原則として１０日間です。しかし，場合によっては，１０日たつ前に釈放されることもありますし，更に１０日以内の日数勾留が延長されることもあります。

6　被疑事実の告知

（裁）それでは，勾留請求の理由となっている犯罪事実を読むのでよく聞いてください。その後で，これに対して言いたいことがあったら述べてください。

「被疑者は，平成○○年１０月１０日午後６時５０分ころ，○○市丸山町１番１号所在の株式会社甲百貨店（代表取締役甲野太郎）本店３階貴金属売場において，同社所有のダイヤモンド指輪１個（時価３００万円相当）を自己の背広の内側ポケットに入れて窃取したものである。」

জন্য আবেদন করতে পারেন। আবেদন করার সময় আপনার আর্থিক সাধনের রিপোর্ট জমা করিতে হইবে। যদি আপনার আর্থিক সাধন 5,00,000 ইয়েন বা অধিক হয় তাহলে আপনাকে পূর্ব হইতে --- বার এসোসিয়াশেন আবেদন করিতে হইবে।

4. আটক প্রক্রিয়ার শর্ত

(জজ/বিচারক) যদি আদালত আপনাকে অপরাধী বলিয়া সন্দেহ করিবার পক্ষে যথেষ্ট কারণ দেখিতে পান তাত্সহ এক বা একাধিক বিষয়ে, যেমন, প্রথমতঃ আপনার কোন স্থায়ী ঠিকানা না থাকা, দ্বিতীয়তঃ, আপনি সাক্ষ্য-প্রমাণ বিনষ্ট করিতে পারেন, এ বিষয়ে আপনাকে সন্দেহ করিবার পক্ষে যথেষ্ট কারণ থাকা, এবং এরুপ অবস্থায় আপনাকে আটক রাখা যাইতে পারে।

5. আটকের মিয়াদের ব্যাখা

(জজ/বিচারক) নীতিগতভাবে আটকের মিয়াদ হইল 10 দিন। কিন্তু মামলার প্রকৃতির (স্বরুপ) উপর নির্ভর করিয়া আপনি হয়ত 10 দিনের পূর্বেই মুক্তিলাভ করিতে পারেন অথবা আপনার আটক থাকিবার মিয়াদ আরও 10 দিন পর্যন্ত বাড়াইয়া দেওয়া যাইতে পারে।

6. কথিত তথ্যাবলীর (আরোপ)পাঠ

(জজ/বিচারক) আপনার বিরুদ্ধে অভিযোগ দায়েরের পূর্বে যে সন্দেহজনক তথ্যাবলি, আটক রাখিবার আবেদনের ভিত্তি রুপে উপস্হিত করা হইয়াছে, সেগুলি আপাততঃ আপনাকে পড়িয়া শুনাইবে। খুব মনোযোগ দিয়া শুনিবেন। ইহার পর, আপনার কিছু বলিবার থাকিলে আপনি তাহা বলিতে পারেন। "সন্দেহভাজন ব্যক্তিটি ---- সালের 10 অক্টোবর তারিখে সন্ধ্যা প্রায় ছয়টা পঞ্চাশ মিনিট নাগাদ ----- শহরের, 1-1, মারুয়ামা চো-তে অবস্থিত একটি A ডিপার্টমেন্টাল স্টোর (C.E.O কোনো তারো) প্রধান দফতরের তৃতীয় তলায় অলংকার- বিভাগ হইতে একটি হীরার আংটি (মূল্য প্রায় 30 লাখ ইয়েন) চুরি করেন এবং সেটি তাঁহার জ্যাকেটের ভিতর পকেটে লুকাইয়া রাখেন।"

7　被疑事実に対する陳述

（被）・　事実はそのとおり間違いありません。

・　身に覚えがありません。

・　検察庁で述べたとおりです。

8　勾留通知先

（裁）あなたが勾留されることになった場合には，裁判所から弁護人あてにその旨を通知します。弁護人がない場合には，国内にいるあなたの配偶者，親兄弟等のうち，あなたが指定する１人に通知します。また，弁護人もそのような家族もない場合には，雇主とか知人などのうちからあなたが指定する１人に通知します。通知先の氏名，住居，電話番号を述べてください。

（被）日本にいる兄に連絡してください。

（裁）住所と名前は。

（被）名前は，Ａです。私と同じところに住んでいます。

9　領事機関への通報

（裁）あなたは，○○国国民として，領事関係に関するウィーン条約第３６条第１項（ｂ）の規定により，勾留の事実を○○国領事官に通報することを要求しますか。

（被）通報することを要求します。〈要求しません。〉

（裁）なお，領事機関に対しては，我が国の法令に反しない限り，信書を発することができます。

10　読み聞け

（書）あなたが述べたことを調書に書きましたので，それを読み上げます。間違いなければここに署名して，左

7. কথিত তথ্যের (আরোপিত)প্রাতিবক্তাব্য :

(সন্দেহভাজন ব্যক্তি) . তথ্যগুলি সামগ্রিকভাবে সত্য।

. প্রদত্ত তথ্যগুলির সহিত আমার কোনরুপ যোগা যোগ নাই।

. আমি এখানে সেই কথাগুলিই বলিতে চাই যাহা আমি সরকারী উকিলের কার্যালয়ে বলিয়াছি।

8. আটক সম্পর্কে অধিসূচনা (নোটিফিকেশান)

(জজ/বিচারক) যদি আপনাকে আটক করা হইয়া থাকে, সেক্ষেত্রে, আদালত আপনার উকিলকে এসম্পর্কে জ্ঞাত করিবেন। যদি আপনার নিজস্ব উকিল না থাকেন, তাহা হইলে আদালত আপনার নির্দেশ মত জাপানে অবস্থানরত আপনার স্ত্রী/স্বামী অথবা আপনার আব্বাজান/আম্মিজান (পিতামাতা) অথবা আপনার ভ্রাতা ও ভগিনীকে আটক সম্পর্কিত সূচনা দিবেন। যদি আপনার উকিল অথবা পরিবারের কোনও সদস্য না থাকেন, সেক্ষেত্রে আদালত আপনার নির্দেশ মত আপনার নিয়োগকর্তা বা কোন পরিচিত ব্যক্তিকে অবহিত করিবেন।

এমন কোন ব্যক্তির নাম, ঠিকানা ও ফোন নম্বর বলুন যাঁহাকে, আদালত আপনার অভিযোগ-পূর্ব আটকের সূচনা দিতে পারিবেন।

(সন্দেহভাজন ব্যক্তি) জাপানে অবস্থানরত আমার ভাইকে দয়া করিয়া সংবাদটি জানাইয়া দিন।

(জজ/বিচারক) তাঁহার নাম ও ঠিকানা কি?

(সন্দেহভাজন ব্যক্তি) তাঁহার নাম A. আমি যে ঠিকানায় থাকি, আমার ভাইও সেই ঠিকানাতেই থাকেন।

9. দুতাবাসের কর্মকর্তা কে সূচনা দান

(জজ/বিচারক) আপনি কি --- এর একজন নাগরিক হিসাবে, রাষ্ট্রদূত সম্বন্ধীয় ভিয়েনা চুক্তি 36(1)(b) অনুচ্ছেদ অনুযায়ী, --- রাষ্ট্র দূতাবাসকে আপনার অভিযোগ-পূর্ব আটক অবস্থার বিষয় জানাইবার জন্য অনুরোধ করিতে চান?

(সন্দেহভাজন ব্যক্তি) হ্যাঁ, আমি চাই। (না, আমি চাই না)

(জজ/বিচারক) যতদিন আপনি জাপানী আইনভঙ্গ না করিবেন, আপনি দূতাবাসের প্রধানকে চিঠি লিখিতে পারেন।

10. বিবাদীর নথিকৃত (রেকর্ড করা) বিবৃতি পাঠ এবং শ্রবণ

(আদালতের করণিক) আপনি যাহা বলিয়াছিলেন, তাহা আমি লিখিয়া লইয়াছি ।এখন সেটি সুস্পষ্টভাবে পড়িতেছি। যদি ইহা সঠিক হয়, তবে দয়া করিয়া এই স্থানে সই (সাক্ষ্যর) দিন এবং সইর পাশে আপনার বাম হস্তের তর্জনীর

人指し指で指印してください。

第2章　公判手続

1　開廷宣言

（裁）　開廷します。

2　通訳人の宣誓

（通）　良心に従って誠実に通訳をすることを誓います。

3　人定質問

（裁）　被告人は前に出てください。〈被告人は起立してください。〉

名前は何と言いますか。

生年月日はいつですか。

国籍（本籍）はどこですか。

日本国内に定まった住居はありますか。

職業は何ですか。

4　起訴状朗読

（裁）　それでは，これから被告人に対する○○被告事件についての審理を始めます。

起訴状は受け取っていますね。

まず，起訴状が朗読されますから，被告人は聞いていてください。

検察官，起訴状を朗読してください。

5　黙秘権の告知

（裁）　これから，今朗読された事実についての審理を行いますが，審理に先立ち被告人に注意しておきます。被告人には黙秘権があります。したがって，被告人は答

দ্বারা ছাপ অঙ্কিত করুন।

পরিচ্ছেদ 2. মোকদ্দমার প্রক্রিয়া

1. মোকদ্দমার প্রক্রিয়ার শুরু হওয়ার ঘোষনা

(জজ/বিচারক) মোকদ্দমার কাজ এতদ্বারা আরম্ভ হইল।

2. দোভাষী কর্তৃক শপথ গ্রহণ

(দোভাষী) আমি শপথ লইয়া বলিতেছি যে আমি সজ্ঞানে বিশ্বস্ততা ও সততার সহিত দোভাষীর কাজ (অনুবাদ) করিব।

3. সনাক্তকরণেরজন্য বিবাদীকে প্রশ্ন/সওয়াল

(জজ/বিচারক) বিবাদী/জনাব/জনাবা, আগাইয়া আসুন। (উঠিয়া দাঁড়ান)।

আপনার নাম কি?

আপনার জন্ম তারিখ কি?

আপনার জাতীয়তা কি?

জাপানে আপনার বাসস্থানের ঠিকানা কি?

আপনার পেশা/বৃত্তি কি? (আপনি কি কাজ করেন?)

4. অভিযোগ পত্র পাঠ

(জজ/বিচারক) তাহা হইলে ----- বিবাদীর বিরুদ্ধে মামলা সংক্রান্ত বিচার এখন আরম্ভ হইল। অভিযোগ পত্রের প্রতিলিপি আপনি পাইয়াছেন? সরকারী উকিল সাহেব/সাহিবা অভিযোগ পত্রটি পড়িতেছেন, সেটি সুনতে থাকুন। সরকারী উকিল সাহিব/সাহিবা দয়া করিয়া অভিযোগ পত্রটি পাঠ করুন।

5. নীরব থাকিবার অধিকারের ব্যাখা

(জজ/বিচারক) সরকারি উকিল, বিবাদীর বিরুদ্ধে আনীত অভিযোগটি পড়িয়া শুনাইযাছেন এই অভিযোগের ভিত্তিতে, আদালত এখন এই মোকদ্দমাটি শুনিবেন। তাহার আগে নিম্মোক্ত বিষয়গুলি সম্পর্কে বিবাদীকে সতর্ক

えたくない質問に対しては答えを拒むことができますし，また，始めから終わりまで黙っていることもできます。もちろん質問に対して答えたいときには答えてよいですが，被告人がこの法廷で述べたことは，被告人に有利，不利を問わず証拠として用いられることがありますから，そのことを念頭に置いて答えるようにしてください。

6 被告事件に対する陳述

（裁） 検察官が今読んだ事実について何か述べることはありますか。

（被） ・ 事実はそのとおり間違いありません。
・ 事実は身に覚えがありません。
・ 酒を飲んでいたので，よく覚えていません。
・ 物を取ったのは確かですが，人は殺していません。
・ 被害者を刺したのは確かですが，殺すつもりはありませんでした。

7 弁護人の意見

（弁） ・ 被告人の陳述のとおりです。
・ 被告人には，窃盗の故意がないので，無罪を主張します。
・ 被告人には，窃盗の実行の着手がありませんので，無罪を主張します。
・ 被告人の行為は正当防衛に当たるので，無罪を主張します。

করিয়া দিতেছি। বিবাদীর চুপ করিয়া থাকিবার অধিকার আছে। সুতরাং বিবাদী যে সকল সওয়ালের জওয়াব দিতে চাহিবেন না সেগুলির জওয়াব নাও দিতে পারেন। অথবা, আগাগোড়া নীরব থাকিতেও পারেন। অবশ্য বিবাদী নিজের পছন্দমত কোন সওয়ালের জওয়াব দিতেও পারেন যাহা হউক, এই আদলতে বিবাদীর প্রদত্ত যেকোন বিবৃতি বিবাদীর পক্ষে অথবা বিপক্ষে সাক্ষ্য-প্রমাণ হিসাবে ব্যবহার করা যাইতে পারে। সুতরাং এই কথাটি মনে রাখিয়া সওয়ালের জওয়াব দিবেন।

6. অভিযোগ সম্পর্কে বিবাদী/অভিযুক্তের বিবৃতি

(জজ/বিচারক) সরকারী উকিল এখনই যে তথ্যগুলি পড়িয়া শুনাইলেন তাহার জওযাবে আপনার কিছু বলিবার আছে কি?

(বিবাদী)
. তথ্যগুলি সামগ্রিকভাবে সত্য।
. প্রদত্ত তথ্যগুলির সহিত আমার কোনো যোগা যোগ নাই।
. ঘটনার সময় নেশাচ্ছন্ন থাকায় সুস্পষ্টভাবে আমি কিছুই স্মরণ করিতে পারিতেছি না।
. আমি কিছু জিনিস উঠিয়েছিলাম বটে কিন্তু কাহাকেও খুন করি নাই।
. আমি আহত ব্যক্তিটিকে চাকু/ছোরা মারিয়াছিলাম বটে, কিন্তু তাহাকে খুন করিতে চাহি নাই।

7. বিবাদী পক্ষের উকিলের অভিমত

(বিবাদী পক্ষের উকিল)
. আমার অমনি বক্তব্য যেমন অভিযুক্ত বয়ান দিয়াছেন।
. যেহেতু, বিবাদীর চুরি করার উদ্দেশ্য ছিল না, সেই হেতু তাহাকে দোষী সাব্যস্ত করা যাইবে না।
. বিবাদী চুরি করা শুরু করেনি বলিয়া তাহাকে দোষী সাব্যস্ত করা যাইবে না।
. আত্মপক্ষ সমর্থন কোন দোষ নহে, অতএব তাঁহাকে দোষী বলা যাইবে না।

8　検察官の冒頭陳述

（裁）　それでは検察官，冒頭陳述を行ってください。
　　　　検察官が証拠によって証明しようとする事実を述べますので，被告人は聞いていてください。
（検）　検察官が証拠により証明しようとする事実は次のとおりであります。被告人は・・・・。

9　弁護人の冒頭陳述

（公判前整理手続が実施された場合で，弁護側の主張があるときには必ず行われるが，同手続が実施されなかった場合に行われることは少ない。）

（裁）　続いて，弁護人の冒頭陳述をどうぞ。
（弁）　それでは，弁護人の冒頭陳述を申し上げます。被告人は，本件犯行を行っておらず，無罪です。すなわち・・・・。

10　公判前整理手続の結果顕出

（公判前整理手続が実施された場合）

（裁）　次に，公判前整理手続の結果を明らかにする手続を行います。この公判に先立ち，裁判所，検察官，弁護人の3者によって行われた公判前整理手続の結果，本件における主たる争点は，次の2点であることが明らかになっています。まず第1点は・・・・。

11　証拠調べ請求

（検）　以上の事実を立証するため，証拠等関係カード（甲）（乙）記載の各証拠の取調べを請求します。

12　証拠（書証・証拠物）請求に対する意見

8. সরকারী উকিলের প্রারম্ভিক বিবৃতি

(জজ/বিচারক) উকিল সাহিব/সাহিবা, দয়া করিয়া আপনি আপনার প্রারম্ভিক ভাষণ শুরু করুন।

বিবাদী, সরকারী উকিল সাহিবের /সাহিবার প্রারম্ভিক বিবৃতিটি সুনতে থাকুন যাহার মাধ্যমে সরকারী উকিল সাক্ষ্যপ্রমাণ সহ তথ্যগুলি প্রমাণ করিতে চাহেন।

(সরকারি উকিল) আমরা (সরকারী উকিল) যে তথ্যগুলি সাক্ষ্য প্রমাণ সহ প্রমান করিতে চাহি তাহা নিম্নরূপ:

বিবাদীটি.....

9. বিবাদী পক্ষের উকিলের প্রারম্ভিক বিবৃতি :

(যদি কোনো মোকদ্দমা তে বিচারের পূর্বে প্রক্রিয়া সম্পাদন হইয়াছে এবং অভিযুক্ত পক্ষের উকীল কোন দাবি পেশ করিতে চাহেন, প্রারম্ভিক বিবৃতি অবশ্যই শোনা হইবে। তবে যদি বিচারের পূর্বে প্রক্রিয়া সম্পন্ন হয় নি, তো সেইসময়ে প্রারম্ভিক বিবৃতি পেশ করার সুযোগ অনেক কম হয়।)

(জজ/বিচারক) এবার অভিযুক্ত পক্ষের উকীল দয়াকরে আপনি প্রারম্ভিক বিবৃতি পেশ করুন।

(বিবাদী পক্ষের উকিল) আমি অভিযুক্ত পক্ষের উকীল হিসাবে প্রারম্ভিক বিবৃতি পেশ করিতেছি। অভিযুক্ত এই অপরাধ করেন নি, উনি নির্দোষ। এর তাত্পর্য হইতেছে.....

10. বিচারের পূর্বে প্রক্রিয়ার ফলাফলের প্রকাশ

(বিচারের পূর্বে প্রক্রিয়া সম্পাদন হইয়াছে এমতবস্থায়)

(জজ/বিচারক) এর পর বিচারের পূর্বে প্রক্রিয়ার ফলাফল প্রকাশ্যে নিয়ে আসার প্রক্রিয়া শুরু করা হউক। এই কার্বাহির প্রথমে পূর্ব প্রক্রিয়ার আগে আদালতের এবং সরকারি পক্ষ্যের উকিল এবং বিবাদী পক্ষ্যের উকিলের দ্বারা বিচারের পূর্বে প্রক্রিয়ার ফল স্বরূপ নিম্নলিখিত দুটি বিষয়ে উঠে এসেছে ।প্রথমত: এই.....

11. সাক্ষ্য প্রমাণ পরীক্ষা করিয়া দেখিবার জন্য আবেদন

(সরকারি উকিল) সাক্ষ্যপ্রমাণ পত্র A এবং B-এ উল্লিখিত তথ্য প্রমাণগুলি আমি মহামান্য আদালতকে পরীক্ষা করিয়া দেখিবার জন্য অনুরোধ জানাইতেছি।

12. সাক্ষ্যপ্রমাণ (তথ্যমূলক এবং বস্তুমূলক) ইত্যাদির জন্য যে আবেদন করা হইয়াছে, সেই আবেদন সম্পর্কে মন্তব্য

(裁) 弁護人，御意見はいかがですか。

(弁) ・ すべて同意します。

・ 甲3号証と甲4号証の目撃者Aの検察官と司法警察員に対する供述調書については不同意です。その余の各証拠は同意します。

・ 証拠物については異議ありません。

・ 乙3号証の被告人の司法警察員に対する供述調書は，取調べ警察官の脅迫により録取されたものであり，任意性を争います。

・ 乙5号証の被告人の司法警察員に対する供述調書は，供述録取に際し，共犯者をかばって供述したものであるので，その調書には信用性がありません。

・ 乙9号証の被告人の検察官に対する供述調書は，検討中のため意見を留保します。

13 書証の要旨の告知・証拠物の展示

(裁) それでは，同意のあった各証拠は採用し，取り調べることにします。検察官，書証の要旨を告知し，証拠物を示してください。

検察官が書証の要旨を告げますので，被告人は聞いていてください。

(検) ・ 甲1号証は，司法警察員作成の捜査報告書です。被告人の出入国状況を示したもので，「被告人は，平成〇〇年10月14日，Y国から，短期在留資格（90日）の条件で来日した。在留資格は，平

(জজ/বিচারক) বিবাদী পক্ষের উকিল, সাহিব/সাহিবা, আপনার অভিমত কি?

(বিবাদী পক্ষের উকিল)

- মহামান্য আদালত, আমরা এ বিষয়ে সর্বতোভাবে সম্মত।
- মহামান্য আদালত আমরা সাক্ষ্য প্রমাণ পত্র A-3 এবং A-4 এর মধ্যে লিখিত সরকারী উকিল সাহিব/সাহিবা ও বিচারের সঙ্গে সংশ্লিষ্ট পুলিশ অধিকর্তার উপস্থিতিতে প্রদত্ত প্রতক্ষ্যদর্শী A-র নথিবদ্ধ বিবৃতিটিতে সম্মতি দিতেছিনা। অবশিষ্ট সাক্ষ্য প্রমাণগুলির ক্ষেত্রে আমরা অনুরোধ সাপেক্ষে সম্মতি দিতেছি।
- আদালত-গ্রাহ্য প্রমাণ হিসাবে বস্তু-সাক্ষ্যের ক্ষেত্রে আমাদের কোন আপত্তি নাই।
- আমরা প্রমাণপত্র B-3'র স্বেচ্ছাপ্রণোদিত সাক্ষীর ক্ষেত্রে এবং বিচার-সংশ্লিষ্ট পুলিশ অধিকর্তার সম্মুখে প্রদত্ত বিবাদীর নথিবদ্ধ (রেকর্ড করা) বিবৃতির বিষয়ে সংশয় প্রকাশ করিতেছি। কারণ, বিবৃতিটি পুলিশ ভীতি প্রদর্শন পূর্বক নথিবদ্ধ করাইয়াছিলেন।
- আমরা প্রমাণপত্র B-5-এর বিশ্বাসযোগ্যতা সম্পর্কেও সন্দেহ প্রকাশ করি। কারণ, বিচার ব্যবস্থার সহিত সংশ্লিষ্ট পুলিশ অধিকর্তার সম্মুখে বিবাদী প্রদত্ত নথিবদ্ধ বিবৃতিতে বিবাদী সে সময় তাঁহার সঙ্গীকে বাঁচাইবার প্রচেষ্টা করিয়াছিলেন।
- আমরা এখন প্রমাণ পত্র B-9 অর্থাৎ সরকারী উকিলের সম্মুখে বিবাদীর নথিকৃত/রেকর্ড করা বিবৃতিটির পুনর্মূল্যায়ণ করিতেছি। এখন আমরা বিষয়টি মন্তব্য না করিয়া সংরক্ষিত রাখিতে চাহি।

13. দলিল-দস্তাবেজ সংক্রান্ত প্রমাণ সমূহের সংক্ষিপ্তসার এবং বস্তু-সাক্ষ্যের উপস্থাপনা

(জজ/বিচারক) বিবাদী পক্ষের উকিল সাহিব/সাহিবা যে প্রমাণ পত্রগুলিকে স্বীকৃতি দিয়াছেন, আমি এখন সেগুলিকে নথিভুক্ত করিতেছি এবং সেগুলি পরীক্ষা করিয়া দেখিব। সরকারী উকিল সাহিব/সাহিবা, আপনি দলিলাদি প্রমাণ সমূহ সংক্ষেপে বিবৃত করিবেন এবং যে বস্তুগুলি নথিভুক্ত হইয়াছে সেগুলি উপস্থাপিত করিবেন। বিবাদী, সরকারী উকিল সাহিব/সাহিবা, এখন দলিল দস্তাবেজ-মূলক প্রমাণগুলির সংক্ষিপ্তসারটি পড়িবেন, সেটি মনোযোগ দিয়া শুনতে থাকুন।

(সরকারি উকিল)

- সাক্ষ্য /প্রমাণ পত্র A-1, বিচার-সংশ্লিষ্ট পুলিশ অধিকর্তাগণের ফাইল করা একটি তদন্তমূলক প্রতিবেদন। এই প্রতিবেদন/রিপোর্টটি বিবাদীকে বর্তমানে প্রচলিত অভিভাসণ-মর্যাদা দিতেছে।

成○○年１月１２日までとなっているが，在留期間の更新は受けていない。」という内容です。

・　甲２号証は，被告人の婚約者甲野花子の司法警察員に対する供述調書です。内容は被告人の生活状況です。

・　乙１号証は，被告人の司法警察員に対する供述調書です。

　被告人の身上，経歴等を述べたものです。

・　乙２号証，乙３号証は，被告人の司法警察員に対する供述調書であり，乙４号証は，被告人の検察官に対する供述調書です。

　乙２号証から乙４号証は，いずれも被告人が本件の犯行状況について述べたものですので，乙４号証でまとめて要旨を告げます。

　「私は，日本で働いてお金を稼ぐために，平成○○年１０月１４日，Y国から，日本に来ました。日本では，最初に鈴木建設という会社で働き，次に田中土建という会社で働きました。在留期間が平成○○年１月１２日までということは分かっていましたが，お金を稼ぎたいのでそのまま日本にいました。」

・　乙５号証は，被告人の身上関係についての捜査報告書です。

14　証人申請

（裁）　検察官，不同意とされた証拠についてはどうされま

উদ্ধৃতি "বিবাদী Y-দেশ হইতে ---- সালের 14 অক্টোবর, 90 দিন জাপানে থাকিবার মর্যাদা লইয়া এ দেশে আসিয়াছিলেন। তাঁহাকে ---- সালের 12 জানুয়ারী পর্যন্ত জাপানে অবস্থানের অনুমতি দেওয়া হইয়াছিল, কিন্তু এখনও পর্যন্ত 'অবস্থান-মর্যাদা'র নবীকরণ করা হয় নাই" উদ্ধৃতি সমাপ্ত।

- সাক্ষ্য/প্রমাণ পত্র, A-2 হইতেছে, বিবাদীর জীবনধারণের অবস্থা এবং জীবন-যাত্রার ধারা সম্পর্কে বিচার-সংশ্লিষ্ট পুলিশ কর্মীর নিকট প্রদত্ত বিবাদীর বাগদত্তা হানাকো কোনোর নথিকৃত বিবৃতি/জবানবন্দী।
- সাক্ষ্য/প্রমাণপত্র, B-1, হইতেছে বিচার-সংশ্লিষ্ট পুলিশকর্মীর নিকট ব্যক্তিতে পটভূমি পেশা ইত্যাদির বিষয় বিবাদী প্রদত্ত নথিকৃত বিবৃতি।
- সাক্ষ্য/প্রমাণপত্র, B-2. এবং B-3. হইতেছে বিচার সংশ্লিষ্ট পুলিশ অধিকর্তার সম্মুখে প্রদত্ত বিবাদীর নথিকৃত বিবৃতি। প্রমানপত্র B-4 হইতেছে সরকারী উকিলের সম্মুখে প্রদত্ত বিবাদীর নথিকৃত বিবৃতি। সাক্ষ্য/প্রমাণপত্র, B-2, B-3 এবং B-4 হইতেছে বর্তমান মামলায় অপরাধমূলক ঘটনার সহিত বিবাদীর জড়িত থাকা সংক্রান্ত নথিকৃত বিবৃতি। এই বিবৃতিগুলি, প্রমাণপত্র B-4-এ, আমি সংক্ষিপ্ত করিয়া জানাইতেছি।

  "আমি ---- সালের 14 অক্টোবর তারিখে Y দেশ হইতে চাকুরীর সন্ধানে এবং অর্থ উপার্জনের জন্য জাপানে আসি। সর্বপ্রথম, আমি সিজুকি নির্মান কম্পানী-তে নিযুক্ত হই। পরে, আমি তানাকা নির্মান কম্পানী-তে যোগ দিই আমি জানিতাম যে ---- সালের 12 জানুয়ারী পর্যন্ত অবধি আমাকে জাপানে থাকিবার অনুমতি দেওয়া হইয়াছে, কিন্তু আমি অর্থ উপার্জনের জন্য জাপানে থাকিয়া যাইবার সিদ্ধান্ত লই।"
- সাক্ষ্য/প্রমাণপত্র, B-5 হইতেছে বিবাদীর পারিবারিক অবস্থা সম্পর্কে তদন্তমূলক প্রতিবেদন/রিপোর্ট।

14. জনৈক সাক্ষীকে পরীক্ষা করিয়া দেখিবার জন্য অনুরোধ

(জজ/বিচারক) সরকারী উকিল সাহিব/সাহিবা, বিবাদীপক্ষ যে প্রমাণগুলির ব্যাপারে সম্মতি দেন নাই, সেই সাক্ষ্য/প্রমাণ সম্পর্কে আপনি কি ব্যবস্থা গ্রহণ

すか。

　　（検）　撤回して，証人Aを申請します。
15　証人申請に対する意見及び証人の採用
　　（裁）　弁護人，御意見は。
　　（弁）　しかるべく。
　　（裁）　それでは，Aを証人として採用します。
16　証人の尋問手続
　(1)　証人の宣誓
　　　　（裁）　ただいまから，あなたをこの事件の証人として尋問しますから，まずうそをつかないという宣誓をしてください。その宣誓書を朗読してください。
　　　　（証）　宣誓　良心に従って真実を述べ，何事も隠さず，偽りを述べないことを誓います。証人A。
　　　　（裁）　証人は，今宣誓したように本当のことを証言してください。もし宣誓した上で虚偽の証言をすると，偽証罪で処罰されることがあります。
　　　　　　　証人が証言することによって証人自身又は証人の近親者が刑事訴追を受けたり，有罪の判決を受けるおそれのある事柄については，証言を拒むことができますから，その場合には申し出てください。
　(2)　異議申立て及びその裁定
　　　　（検）　弁護人のただいまの発問は，誘導尋問ですから，異議を申し立てます。
　　　　（弁）　反対尋問においては，誘導尋問も許されるので，検察官の異議の申立ては，理由がないと思料いたし

করিবেন?

(সরকারি উকিল) মহামান্য আদালত, আমি সেই প্রমাণগুলি প্রত্যাহার করিয়া লইতেছি এবং A-কে একজন সাক্ষী হিসাবে পরীক্ষা করিবার জন্য অনুরোধ জানাইতেছি।

15. জনৈক সাক্ষীকে পরীক্ষা করিয়া দেখিবার জন্য এবং সাক্ষীর অন্তর্ভুক্তির জন্য অনুরোধ সংক্রান্ত মতামত

(জজ/বিচারক) বিবাদী পক্ষের উকিল সাহিব/সাহিবা, এ বিষয়ে আপনার কোন আপত্তি আছে কি?

(বিবাদী পক্ষের উকিল) না, মহামান্য আদালত, আমাদের কোনও আপত্তি নাই।

(জজ/বিচারক) আদালত A-কে একজন সাক্ষীরূপে গ্রহণ করিতেছে বা স্বীকৃতি দিতেছে

16. সাক্ষীকে পরীক্ষা করিবার পদ্ধতি/প্রক্রিয়া

(1) সাক্ষী কর্তৃক শপথ গ্রহণ

(জজ/বিচারক) আপনাকে বর্তমান মামলায় সাক্ষী হিসাবে পরীক্ষা করা হইবে। সাক্ষ্যদানের পূর্বে, শপথ গ্রহণ করিয়া বলুন যে আপনি মিথ্যা বলিবেন না। উচ্চকন্ঠস্বরে শপথ বাক্যটি পাঠ করুন।

(সাক্ষী) আমি সজ্ঞানে শপথ লইয়া বলিতেছি যে আমি সত্য বলিব এবং কোন কিছুই গোপন করিব না বা মিথ্যা বলিব না। সাক্ষী A।

(জজ/বিচারক) একজন সাক্ষী রূপে, আপনি যেহেতু শপথ লইয়াছেন, সেই হেতু আপনার সত্য সাক্ষ্য দেওয়া উঠিত। আপনি এখন প্রতিজ্ঞাবদ্ধ। যদি মিথ্যা সাক্ষ্য দেন তাহা হইলে শপথ ভঙ্গের জন্য আপনাকে শাস্তি দেওয়া হইতে পারে।

আপনাকে ইহাও জানানো যাইতেছে যে, যে সাক্ষ্য আপনি দিবেন, সেই সাক্ষ্য দ্বারা আপনি অথবা আপনার আত্মীয় স্বজনকে অভিযুক্ত করা অথবা শাস্তি দেওয়া যাইতে পারে সেই ধরনের সাক্ষ্য না দিবার অধিকার আপনার আছে। এইরূপ পরিস্থিতির উদ্ভব হইলে আপনি আদালতকে জানান।

(2) আপত্তি এবং বিচারকের রায়

(সরকারি উকিল) মহামান্য আদালত, আমি আপত্তি জানাইতেছি; বিবাদীপক্ষ উকিল সাহিব/সাহিবা সাক্ষীকে ইঙ্গিতপূর্ণ প্রশ্ন/সওয়াল করিতেছেন।

(বিবাদী পক্ষের উকিল) মহামান্য আদালত, জেরা করিবার সময় ইঙ্গিতপূর্ণ সওয়াল অনুমতি যোগ্য। আমার মনে হয়, সরকারী উকিল সাহিব/সাহিবার আপত্তির

ます。

（裁）　異議を棄却します。

⑶　証人尋問の終了

（裁）　証人尋問を終わります。証人は，お疲れさまでした。

17　その他の手続

⑴　弁論の併合決定

（裁）　本件に被告人に対する平成○○年（わ）第○○号強盗被告事件を併合して審理します。

⑵　訴因及び罰条等の変更

（検）　起訴状記載の訴因を「被告人は・・・・したものである。」と，罪名及び罰条を「窃盗　刑法２３５条」とそれぞれ変更の請求をします。

（弁）　検察官の請求に異議ありません。

（裁）　訴因及び罰条等の変更を許可します。

⑶　被害者特定事項の秘匿決定後，被害者の呼称の定めがされた場合

（裁）　今後の審理においては，平成○○年６月２０日付け起訴状記載の公訴事実第１の被害者のことを「被害者Ａ」と，同年７月１０日付け追起訴状記載の被害者のことを「被害者Ｂ」と呼ぶこととします。

⑷　被害者参加許可決定

（検）　本日，被害者Ａさんから被害者参加の申出がありました。検察官としては，相当であると考えます。

（裁）　弁護人の御意見はいかがですか。

	কোন ভিত্তি নাই।
(জজ/বিচারক)	আপত্তি অগ্রাহ্য করা হইল।

(3) সাক্ষীকে পরীক্ষা করা শেষ

(জজ/বিচারক)	জনাব/জনাবা, সাক্ষী হিসাবে আপনাকে পরীক্ষা করা শেষ হইল/আপনাকে অনেক ধন্যবাদ।

17. অন্যান্য প্রক্রিয়া

(1) মামলার মৌখিক বিবরণীর সহিত যুক্ত সিদ্ধান্ত

(জজ/বিচারক)	আদালত, বর্তমান অভিযোগের সহিত বিবাদীর বিরুদ্ধে ডাকাতির (---- (WA) No.---) অভিযোগটি যুক্ত করিতেছেন।

(2) অভিযোগের কারণ এবং নির্দিষ্ট প্রয়োগযোগ্য ধারা ইত্যাদির পরিবর্তন

(সরকারি উকিল)	অভিযোক্তার আবেদন এই যে অভিযোগ পত্রে লিখিত অভিযোগের কারণটিকে "বিবাদী...............করেছিল" এরূপ এবং দন্ডের নাম এবং দন্ডের প্রয়োগযোগ্য ধারাটিও যথাক্রমে "দন্ডবিধির 235 ধারায়, চুরি"- তে পরিবর্তিত করা হউক।
(বিবাদী পক্ষের উকিল)	মহামান্য আদালত, সরকারি অভিযোগ এবং নিবেদন আমার কোন আপত্তি নাই।
(জজ/বিচারক)	এই পরিবর্তনগুলি মঞ্জুর করা হইল।

(3) পীড়িত ব্যক্তির পরিচয় সম্পূর্ণ গোপন রাখিবার প্রাক্রিয়ায়ে সম্বাধিতা নির্ণয়ে নেবার পারে পীড়িত ব্যক্তি কি নামে সম্বোধিতা হবে এ বিষয়ে নিশ্চিন্ত হবার পর

(জজ/বিচারক)	এর পড়ে কার্যবাহী তে 20 জুন ---- কে অভিযোগপাত্রে উল্লেখিত অভিযোগ তথ্য 1 এর পীড়িত কে পীড়িত A আর ওই বছ্বারে 10 জুলাই তে অতিরিক্ত অভিযোগ পাত্রে উল্লিখিত পীড়িত কে পীড়িত B বলে সম্বোধন করার নির্ণয়ে নেওয়া হলো।

(4) পীড়িতের কার্যবাহী তে অংসা নেবার অনুমতি দেবার নির্ণয়ে

(সরকারি উকিল)	আজ পীড়িত A র পক্ষে নিজে কার্যবাহী তে নিজে অংস নেবার জন্ন্যে প্রাথনা পত্র এসেছে। সরকারি উকিল হিসাবে আমি এই আবেদন উচিত মনে করি।
(জজ/বিচারক)	বিবাদী পক্ষের উকিলের এই বিষয়ে কি মত?

（弁） しかるべく。

（裁） 申出人の本件被告事件の手続への参加を許可します。

⑸ 被害者等の被害に関する心情その他の被告事件に関する意見陳述

（被害者等からの申出がある場合）

（裁） 被害者の方からの心情その他の意見陳述を行います。では，被害者の方は証言台に進んで，その意見を陳述してください。

（害） ・ 私は，被告人に殴られて，半年も入院しました。その間，身体の自由が利かず，仕事もできず，とてもつらい思いをしました。

・ 被告人のことは，絶対に許せません。

⑹ 即決裁判手続

ア 被告事件に対する有罪の陳述

（起訴状朗読及び黙秘権の告知後）

（裁） 検察官が今読んだ事実について何か述べることはありますか。

（被） 間違いありません。

（裁） 事実は間違いないということですが，この事実について，有罪であるとして処罰されても構わないということですか。

（被） はい。

イ 弁護人の意見

（裁） 弁護人の御意見は。

(বিবাদী পক্ষের উকিল)	হুজুর আমার কোনো অপ্পতি নেই।
(জজ/বিচারক)	আবেদন কর্তা কে এই মক্কাদামার কার্যবাহী তে অংসা নেবার জন্ন্যে অনুমতি দেব হলো।

(5) পীড়িত ব্যক্তি তথা সম্বন্ধিত অন্য ব্যক্তি কে তাদের খতির সম্বন্ধে আর মককদামায়ের সম্বন্ধিত মনোদশা আদির মত প্রকাশ করা সম্বন্ধিত

(পীড়িত বা অন্য ব্যক্তির দ্বারা যদি আবেদন হয়ে থাকে এমন অবস্থায়ে)

(জজ/বিচারক)	পীড়িত ব্যক্তির মনদসা তথা মত সোনা হবে এবারে পীড়িত ব্যক্তি কাঠঘরায়ে এসে নিজের মত প্রকাশ করুন।
(পীড়িত)	. অভিযুক্ত আমাকে মেরেছে যে কারনে আমি 6 মাস হাসপাতালে ভর্তি ছিলাম। ওই সময়ে আমার শারীরিক স্বতন্ত্রতা না থাকায়ে আর কোনো কাজ করার অপরক হওয়ার জন্ন্যে খুবই কস্ট পেয়েছি। . আমি অভিমুক্তকে কোনো রকমে ক্ষমা করতে পারছি না।

(6) শীঘ্র বিচার প্রক্রিয়া

A. মকদ্দমা সম্বন্ধে দোষীর বিবৃতি

(অভিযোগ পত্র পরা আর নিরব থাকার অধিকার সম্বন্ধিত অর্থবোঝানোর পর)

(জজ/বিচারক)	সরকারি উকিল যে তথ্য পাঠ করলেন সে ব্যাপারে আপনার কিছু বলার আছে?
(বিবাদী)	এই তথ্য নির্ভুল।
(জজ/বিচারক)	যেহেতু আপনি বলছেন তথ্য নির্ভুল তাহলে এই তথ্যের ভিত্তিতে দোষী সাব্যাস্থে হলেও আপনার কোনো আপত্তি থাকবে না?
(বিবাদী)	হ্যা।

B. বিবাদী পক্ষের উকিলের মত

(জজ/বিচারক)	বিবাদী পক্ষ্যের উকিল মহাশয়র মতামত কি?

（弁）　被告人の陳述と同様です。

ウ　即決裁判手続によって審判する旨の決定

（裁）　本件については，検察官から即決裁判手続の申立てがされています。被告人，弁護人は即決裁判手続によることについて同意しており，被告人は有罪である旨の陳述をしていますので，本件を即決裁判手続によって審判することとします。

エ　証拠調べ請求等

（裁）　では，証拠調べに入ります。検察官，証拠調べ請求をお願いします。

（検）　本件公訴事実を立証するため，証拠等関係カード(甲)（乙)記載の各証拠の取調べを請求します。

（裁）　弁護人，いかがですか。

（弁）　いずれも，証拠とすることに異議はありません。

18　論告

（裁）　検察官，御意見を伺います。

検察官がこの事件に対する意見を述べますので，被告人は聞いていてください。

（検）　それでは論告いたします。

・　まず，事実についてですが，本件公訴事実は，当公判廷で取り調べられた関係各証拠によって証明十分と思料します。

・　情状について申し上げます。本件は，被告人が，金を稼ぐ目的で，当初から不法に残留することを予定して入国し，２年余りにわたって不法に残留

(বিবাদী পক্ষ্যের উকিল) আমার মত অভিযুক্তের মতামতের মতই।

C. শীঘ্রবিচার পদ্ধতির মাধ্যমে শুনানির নির্ণয়ে

(জজ/বিচারক) এই মামলার নিস্পত্তির জন্য সরকারি উকিল শীঘ্র বিচারের আবেদন করে ছেন। অভিযুক্ত এবং বিবাদী পক্ষের উকিল শীঘ্র বিচার পদ্ধতি দ্বারা কার্যবাহী করার জন্ন্যে সহমত। এইজন্ন্যে অভিযুক্ত নিজেই দোষ স্বীকার করছেন বলে বলেছেন। এইজন্য এই মামলার শুনানি সিঘ্র বিচার প্রক্রিয়ার মাধ্যমে করার সিদ্ধান্ত নেওবা হচ্ছে।

D. সাক্ষী ইত্যাদির পরীক্ষার আবেদন

(জজ/বিচারক) এবার সাক্ষী সাবুদের পরীক্ষা প্রক্রিয়া শুরু হবে। সরকারি উকিল কে এই পরীক্ষন প্রক্রিয়া শুরু করার জন্য আবেদন করতে বলা হচ্ছে।

(সরকারি উকিল) এই মামলাতে অভিযোগান তথ্য কে প্রমান করার জন্ন্য প্রমান আদির কার্ড (A)এবং(B) তে উল্লেখিত প্রত্যেক প্রমানের পরীক্ষার জন্ন্য আবেদন করিতেছি।

(জজ/বিচারক) বিবাদী পক্ষের উকিলের কোনো আপত্তি আছে কি না।

(বিবাদী পক্ষের উকিল) আমার এই সকল প্রমানাদি মানতে বা স্বীকার করে নিতে কোনো অপ্পতি নেই।

18. বিবৃতির সমাপ্তি

(জজ/বিচারক) সরকারী উকিল সাহিব/সাহিবা, আপনার সর্বশেষ বিবৃতিটি দিন। বিবাদী আপনি সরকারী উকিল সাহেব/সাহিবার শেষ বিবৃতিটি শুনুন।

(সরকারি উকিল) আমরা এখন (মামলাটির) শেষ বিবৃতিটি শুরু করিতেছি।

- বর্তমান মামলার তথ্যগুলির পরিপ্রেক্ষিতে আমরা সুনিশ্চিত হইয়াছি যে আদালতে পরীক্ষিত সাক্ষ্যপ্রমাণের দ্বারা অপরাধ ঘটানোর বিষয়সংশ্লিষ্ট তথ্যগুলি যথাযথভাবে প্রমাণিত হইয়াছে।
- বর্তমান মামলার সহিত সংশ্লিষ্ট পরিস্থিতি বিবেচনা করিয়া আমরা দেখিতেছি যে, বিবাদী, 'অভিবাসন-মর্যাদা' অনুযায়ী তাঁহার, প্রথম হইতেই অর্থ রোজগারের উদ্দেশ্যে জাপানে অবস্থানের সময়-সীমার অতিরিক্ত সময় থাকিবার পরিকল্পনা লইয়াই এদেশে আসিয়াছিলেন এবং বেআইনীভাবে দুই বত্তসরের অধিককাল অবস্থান করিয়াছেন। তাঁহার

した事案であり，その残留期間の長さなどを考えると，被告人の刑事責任は重大であります。

・　求刑ですが，以上諸般の事情を考慮し，相当法条適用の上，被告人を，懲役１年６月に処するのを相当と思料します。

19　被害者参加人の弁論としての意見陳述

（事前に被害者参加人からの申出がされ，これが許可されている場合）

（裁）　では，弁論としての意見陳述をお願いします。

（参）　この事件の被害者参加人として，私の意見を述べます。

・　被告人は，何の関係もない私に対し，いきなり言い掛かりをつけ，その後，急に殴りかかってきました。

・　このため，私は１か月もの入院を余儀なくされるほどの重傷を負いました。入院中は身体の自由が利かず，本当につらい思いをしました。

・　被告人は，私にも落ち度があるなどといって謝罪すら行わず，また，慰謝料はおろか，入院費用さえも支払っていません。

・　このような被告人のことは，どうしても許せません。私は，被告人を懲役４年の刑にしてほしいと思います。

20　弁護人の弁論

（裁）　弁護人の御意見を伺います。

বেআইনী অবস্থানের সময়-সীমার দৈর্ঘকে বিবেচনা করিয়া তাঁহাকে গুরুতর অপরাধের জন্য দায়ী বলিয়া গণ্য করা যায়।

- পূর্বোক্ত পরিস্থিতির পরিপ্রেক্ষিতে এবং সংশ্লিষ্ট আইন প্রয়োগ করিয়া আমরা মনে করি এই মামলার বিবাদীকে দেড় বৎসর সশ্রম কারাদন্ডের সাজা দান উপযুক্ত হইবে।

19. অংশগ্রহনকারী পীড়িত ব্যক্তি দ্বারা নথি বা দলিলের সাহাজ্যে নিজের মতামত প্রকাশ করা

(অংশগ্রহন করা পীড়িত ব্যক্তি দ্বারা যদি প্রথেমে আবেদন করা হয়ে থাকে এবং তাঁতে অনুমতি পেয়ে থাকে এমতাবস্থায়)

(জজ/বিচারক) এবার অংশগ্রহন করা পীড়িত ব্যক্তি দলিলের সাহয়াজ্যে নিজের মতামত জানান।

(অংশগ্রহনকারী পীড়িত) এই মামলার অংশগ্রহনকারী পীড়িত ব্যক্তি হিসাবে আমি আমার মতামত প্রকাশ করছি।

- অভিযুক্ত, যার সঙ্গে আমার কোনো সম্বন্ধই নেই সে আমার ওপর হঠাত দোষারোপ শুরু করলো এবং আমাকে হঠাত মারতে লাগলো।
- এই কারণে আমার ভীষণ চোট লাগে আর আমি প্রায়ে একমাস হাসপাতালে ভর্তি থাকতে বাদ্ধ্য হই। ওই সময়ে আমার শারীরিক স্বতন্ত্রতা স্তবদ্ধ হয়ে জায়ে যার ফলে আমি থুবই কষ্টে পরি।
- অভিযুক্ত আমাকেও দোষী বলে আরকোনো রকম দুক্ষ প্রকাশ করে নী। এছাড়া আমার লোকসানের জন্ন্য কিছ্যু দেই নী তাছাড়া আমার হাসপাতালে থাকার সময়ে যা থরচা হয়েছে সেও দেই নী।
- এই ধরনের ব্যক্তিকে আমি কোনভাবে ক্ষমা করতে পারব না এবং আমি আশা করি কি অভিযুক্ত কে 4 বছরের সশ্রম কারাদন্ড দেওয়া হোক।

20. বিবাদী পক্ষের উকিলকর্তৃক মামলার বিবরণী দান

(জজ/বিচারক) বিবাদী পক্ষের উকিল সাহেব/সাহিবা, আপনার বিতর্কটি শুরু করুন।

（弁）では，被告人のため，弁論いたします。

(1) 出入国管理及び難民認定法違反（自白事件）の例

・ 本件公訴事実に関しては，被告人は当公判廷においてもこれを素直に認めており，弁護人としてもこれに対し特段異議をとどめるべき点はございません。

・ 被告人も当公判廷で供述したとおり，本件は弁解の余地のない違法行為であり，被告人自身，長期にわたる不法残留については十分反省し，国外に退去した後は2度と日本には来ないと供述しており，今後2度とこのような違法行為を繰り返さないことを誓っているものです。

・ 被告人の残留目的は，就労であり，それ以外の不法な目的を有していたものではありません。

・ 現に，来日してから逮捕されるまでの間は，まじめに稼働しており，本件以外の犯罪を犯したこともなく，前科前歴はありません。

・ 被告人は今回，逮捕，勾留，起訴という厳しい処分を受け，既に相当の期間の身柄拘束処分を受けており，十分な社会的，経済的制裁を受けています。

・ 以上の事情を併せ考慮されて，被告人に是非とも自力更生，再起の機会を与えていただきたく，執行猶予の寛大な判決を下されるよう，切にお願いする次第です。

(2) 窃盗（否認事件）の例

・ 被告人は，指輪を買うつもりだったのであり，窃盗

(বিবাদী পক্ষের উকিল) আমি বিবাদীর পক্ষে বিতর্কটি উপস্থাপন করিতে চাই।

(1) অভিভাষণ-নিয়ন্ত্রণ এবং শরণার্থী/মোহাজের স্বীকৃতি আইন লঙ্ঘন সংক্রান্ত মামলা (যেখানে বিবাদী তাঁহার অপরাধ স্বীকার করিতেছেন)-র উদাহরণ

- যেহেতু, বিবাদী এই আদালতের সম্মুখে সততার অঙ্গীকারলইয়া এই মামলার সহিত সংশ্লিষ্ট অভিযোগ ও অপরাধের তথ্যগুলি স্বীকার করিতেছেন, সেইহেতু আমি তাহার উকিল হিসাবে বলিতেছি যে আমারও এই তথ্য প্রমানগুলি খন্ডন করিবার বিশেষ কোন যুক্তি নাই।
- বিবাদীও এই আদালতের সম্মুখে সুস্পষ্টভাবে প্রমান অভিভাষণ আইন লঙ্ঘনের কথা স্বীকার করিয়াছেন। এই বেআইনী কাজের কোনও কৈফিয়ৎ নাই। তিনি এদেশে (জাপানে) তাঁহার দীর্ঘকালীন বেআইনী অবস্থানের জন্য দুঃখপ্রকাশ করিয়াছেন। বিবাদী এই শপথ নিচ্ছে কি যদি ওকে ওর নিজের দেশে ফিরে যেতে দেয় তো, তিনি আর কখনও জাপান ফিরিয়া আসিবেন না আর বলিয়াছেন যে ভবিষ্যতে তিনি জাপানের আইন লঙ্ঘন করিবেন না।
- বিবাদীর, জাপানে অবৈধ অবস্থানের উদ্দেশ্য ছিল রোজগার (চাকুরী)'র সন্ধান করা। তাঁহার অন্যকোন অবৈধ কাজ করিবার উদ্দেশ্য ছিল না।
- আসলে, বিবাদী জাপানে তাঁহার আগমনের দিন হইতে গ্রেপ্তার হইবার দিন পর্যন্ত সততার সহিত কাজ করিয়াছেন করিয়াছেন এবং বর্তমান অভিযোগ (মামলা) ছাড়া অন্য কোন আইনভঙ্গ করেন নাই। অন্য কোন রূপ অপরাধমূলক কাজ বা গ্রেপ্তার হওয়ার সঙ্গে তিনি যুক্ত ছিলেন না।
- বর্তমান মামলায় বিবাদী, গ্রেপ্তার, আটক এবং অভিযুক্ত হইবার মত কঠোর দন্ডের জন্য দোষী সাব্যস্ত হইয়াছেন। তিনি ইতিমধ্যেই বেশ কিছু সময়ের জন্য আটক থাকিয়াছেন এবং তাঁহার আর্থিক ও সামাজিক ভাবে দন্ডিত করা হইয়াছে।
- এরূপ পরিস্থিতি বিচার করিয়া আমরা বিবাদীকে তাঁহার নিজ চেষ্টায় পুনর্বাসিত হইবার এবং নতুনভাবে জীবন শুরু করিবার সুযোগ দিবার জন্য দন্ডদান স্থগিত রাখিবার মত উদার বিচারে অনুরোধ জানাইতেছি।

(2) চুরি সংক্রান্ত মামলা (যেখানে বিবাদী তাঁহার অপরাধ অস্বীকার করিতেছেন)'র উদাহরণ

- বিবাদী আংটিটি খরিদ করিতে চাহিয়াছিলেন, চুরি করা তাঁহার উদ্দেশ্য

の故意はなく，無罪です。このことは証拠によって認められる次の事実から明らかであります。
(中略)
・ 以上のことから，被告人には窃盗の故意がなく，無罪であります。

21 被告人の最終陳述
(裁) これで審理を終わりますが，最後に何か言っておきたいことはありますか。
(被) ・ 申し訳ないことをしたと思います。
・ 私は盗むつもりはありませんでした。早く自分の国へ帰らせてください。

22 公判期日の告知
(1) 次回公判期日の告知
(裁) 次回公判期日は，平成○○年１１月８日午前１０時３０分と指定します。
(2) 判決言渡期日の告知
(裁) それでは，判決は平成○○年１２月６日午後１時にこの法廷で言い渡します。

23 判決宣告
(裁) 被告人に対する○○被告事件の判決を言い渡します。
(判決主文の例については，第３章及び第４章参照)
理由・ 当裁判所が証拠により認定した罪となるべき事実(犯罪事実)の要旨は次のとおりである。
・ そこで，所定の法条(法律)を適用して，

ছিল না অতএব চুরির অপরাধে তিনি নির্দোষী। নিম্নোক্ত তথ্যপ্রমাণের দ্বারা বিষয়টি সুস্পষ্ট করা যাইতে পারে। (......)

. যে তথ্যগুলি দেওয়া হইয়াছে তাহাতে প্রমাণিত হয় যে বিবাদীর চুরির উদ্দেশ্য ছিল না অতএব তিনি দোষী নহেন।

21. বিবাদীর অন্তিম/শেষ বক্তব্য

(জজ/বিচারক) বিচার প্রক্রিয়া সম্পূর্ণ হইয়াছে। এই মামলা সম্পর্কে আপনি কি কিছু বলিতে চাহেন?

(বিবাদী) . আমি যাহা করিয়াছি, তাহার জন্য আমি অত্যন্ত দুঃখিত।

. আমি কোন বস্তু চুরি করিতে চাহি নাই। দয়া করিয়া শীঘ্রই আমাকে আমার দেশে ফিরিয়া যাইতে দিন।

22. বিচারের তারিখ জানাইবার সূচনা

(1) পরবর্তী বিচারের দিন জানাইবার সূচনা

(জজ/বিচারক) পরবর্তী বিচারের কার্য এই আদালত কক্ষেই ---- সালের ৪-ই নভেম্বর তারিখে সকাল দশটায় অনুষ্ঠিত হইবে।

(2) অন্তিম রায় ঘোষণা করিবার তারিখ জানাইবার সূচনা

(জজ/বিচারক) অন্তিম/চূড়ান্ত রায় আগামী ---- সালের 6 ডিসেম্বর তারিখের বেলা একটায় ঘোষণা করা হইবে।

23. বিচারের (মামলা) রায় ঘোষণা

(জজ/বিচারক) এখন, বিবাদীর বিরুদ্ধে ----- অভিযোগের জন্য ফৌজদারী মামলার বিচারের রায় ঘোষণা করা হইতেছে।

(বিচারের মূল বিষয়বস্তুর উদাহরণের জন্য মূল টেকস্ট-এর 3 এবং 4 পরিচ্ছেদ দেখুন)

কারণ . সাক্ষ্যপ্রমাণের ভিত্তিতে আদালত অপরাধ ঘটানোর জন্য দায়ী যে তথ্যগুলি পাইয়াছেন তাহার রূপরেখা নিম্নরূপ: ....

. অতএব, আদালত যাহা প্রাপ্ত হইয়াছেন সেই সংশ্লিষ্ট আইন প্রয়োগ

主文のとおり判決する。

・　刑を定めるに当たって考慮した事情は以下のとおりである。

（判決理由の例については，第5章及び第6章参照）

24　執行猶予の説明

(1)　身柄拘束中の被告人の執行猶予

（裁）　刑事裁判の手続としては，釈放されます。今後〇年間のうちに日本で罪を犯さなければ，刑務所に入らなくてもよくなります。しかし，この〇年間のうちに日本で罪を犯してまた刑に処せられることがあると，この執行猶予は取り消されます。そうなると，今回の懲役〇年の刑を実際に受けなければならなくなります。もちろん，その場合には新たに犯した罪の刑も受けます。そういうことのないように，十分注意してください。

(2)　既に不法残留になっている被告人の執行猶予

（裁）　なお，被告人の場合は既に在留期間が経過していますから，この判決の後間もなく，入国管理局において被告人を本国に送還する手続がなされると思います。したがって，結局，送還後〇年間日本に来て犯罪を犯さなければ，今回の刑を受けることはないということになります。

25　未決勾留日数の説明

（裁）　被告人はこれまで相当期間勾留されていますから，

করিয়া মূলবিষয়বস্তু পাঠ করা হইতেছে।

তথ্য ও কারণ সমূহ বিবেচনা করিয়া, শাস্তির প্রকৃতি ও ব্যাপ্তি যেভাবে নির্ধারিত করা হইয়াছে তাহা নিম্নরূপ:

(রায়দানের ভিত্তি স্থির করিবার উদাহরণের জন্য পরিচ্ছেদ 5 এবং 6 দেখুন।)

24. দন্ডদান সাময়িকভাবে স্থগিত রাখিবার ব্যাখ্যা

(1) আটক রাখা বিবাদীকে দন্ডদান সাময়িকভাবে স্থগিত

(জজ/বিচারক) অপরাধমূলক বিচার প্রক্রিয়ার হিসাবে আপনাকে মুক্তদেওয়া হইবে। আগামী --- বৎসরের মধ্যে আপনি জাপানে প্রচলিত আইন লঙ্ঘন না করা পর্যন্ত আপনাকে কারারুদ্ধ করা হইবে না। অবশ্য, যদি ঐ সময় -সীমার মধ্যে আপনি কোন অপরাধ করিয়া বসেন এবং সেজন্য শাস্তিপান, সেক্ষেত্রে স্থগিত দন্ডের আদেশ প্রত্যাহার করিয়া লওয়া হইবে এবং আপনাকে সম্ভাব্য নতুন অপরাধের জন্য যে শাস্তি দেওয়া হইবে তাহার সহিত আদালতের পূর্ব-নির্ধারিত ---- বৎসরের জন্য সশ্রম কারাদন্ড দেওয়া হইবে। অতএব এরূপ পরিস্থিতি যাহাতে না ঘটে সেজন্য সতর্ক থাকিবেন।

(2) জাপানে ইতিমধ্যেই বেআইনীভাবে অবস্থানরত বিবাদীর জন্য শাস্তিদান স্থগিত :

(জজ/বিচারক) বিবাদীর অবস্থানের বৈধ সময়-সীমা ইতিমধ্যেই শেষ হইয়াছে বলিয়া এই রায় দানের সঙ্গে সঙ্গেই আপনাকে সম্ভবতঃ অভিবাসন দফতর এদেশ হইতে (বিবাদীকে) নিজের দেশে ফিরাইয়া দিবার প্রক্রিয়া গ্রহণ করিবেন। অতএব, জাপান হইতে বহিষ্কারের পর --- বৎসরের মধ্যে জাপানে ফিরিয়া আসিয়া নতুন করিয়া অপরাধ না করা পর্যন্ত বর্তমান অপরাধের জন্য আপনাকে কারাদন্ড দেওয়া হইবে না।

25. বিচার চলাকালীন আটক থাকিবার দিনগুলিকে সম্বন্ধে বাখ্যা

(জজ/বিচারক) বিবাদীকে বেশ কিছু সময়ের জন্য আটক রাখা হইয়াছিল। ইহার মধ্যে

そのうちの○日間は既に刑の執行を受け終わったものとします。したがって，言い渡した○年○か月の刑から実際には○日間が差し引かれることになります。

26　保護観察の説明

（裁）　保護観察というのは，国の機関である保護観察所の保護観察官の指導監督によって，被告人が再び間違いを起こすことのないように手助けする制度です。普通は毎月１回以上保護観察所に所属する保護観察官のもとにいる保護司という人と会って，被告人の日ごろの生活について指導を受けることになります。

この判決の確定後，速やかに，保護観察所に出頭して保護観察所の説明を受けてください。保護観察所では，守らなければならない事項について指示されますが，もし，この遵守事項を守らない場合には，この刑の執行猶予を取り消されることがあります。また，再び犯罪を犯して禁錮以上の刑に処せられた場合には法律上執行猶予を付けることができないので，そのようなことのないよう十分注意してください。

27　上訴権の告知

（裁）　この判決に不服がある場合には，控訴〈上告〉の申立てをすることができます。その場合には，明日から１４日以内に○○高等裁判所〈最高裁判所〉あての控訴〈上告〉申立書をこの裁判所に差し出してください。

第３章　第一審における判決主文の例

1　有罪の場合

---- দিন তাঁহার দন্ডভোগের দিন হিসাবে বিবেচনা করা হইয়াছে। অতএব, বিবাদীর কারাদন্ডের মেয়াদ --- বৎসর --- মাস হইতে, পূর্বোক্ত --- দিন হ্রাস করা হইবে। বাদ দেওয়া হইবে।

26. শর্তাধীন (শাস্তি মওকুফ জনিতশর্ত) থাকিবার ব্যাখ্যা

(জজ/বিচারক) আইন লঙ্ঘনকারী অপরাধীকে পুনর্বাসন প্রক্রিয়ায় সহায়তা করিবার উদ্দেশ্যে সরকারী দফতরের অবেক্ষণ-আধিকারিকের তত্বাবধানে রাখা হয়। এইরূপ ব্যবস্থাকে 'অবৈক্ষাধিন থাকা' বলা হয়। অপরাধীকে সাধারণতঃ, স্বেচ্ছাসেবী অবেক্ষণকারীর নিকট হইতে প্রতিমাসে অন্ততঃ একবার করিয়া তাহার দৈনন্দিন জীবনযাত্রা সম্পর্কিত নির্দেশ গ্রহণ করিতে হয়।

যখনই এই বিচারের অন্তিম/শেষ রায় দান হইয়া যাইবে, অনতিবিলম্বে আপনাকে সরকারী অবেক্ষণ কার্যালয়ে গিয়া কর্মকর্তার সহিত যোগাযোগ করিতে হইবে এবং ব্যাখ্যা শুনিতে হইবে। অবেক্ষণ কর্মকর্তা নিয়মাবলী নির্দিষ্ট করিয়া দিবেন। সেইগুলি আপনাকে পালন করিতে হইবে। যদি আপনি তাহা না করেন, তাহা হইলে দন্ডাদেশ স্থগিত রাখিবার যে নির্দেশ দেওয়া হইয়াছে, তাহা প্রত্যাহার করিয়া লওয়া হইতে পারে।

অধিকন্ত আপনি অন্যকোন অপরাধ করিবার জন্য যদি বিনাশ্রম কারাদন্ড বা গুরুতর কোন দন্ডলাভ করেন আইনত সেই দন্ডও স্থগিত রাখা হইবে না। এইরূপ ঘটনা যাহাতে না ঘটে সেজন্য সতর্ক থাকিবেন।

27. উচ্চ আদালতে আপীল বা আবেদন করিবার অধিকার

(জজ/বিচরক) আপনি যদি নিম্ন আদালতের রায়ে সন্তুস্ট না হইয়া থাকেন, সেক্ষেত্রে আপনার উচ্চ-আদালতে 'কোসো' আপীল করিবার অধিকার আছে। যদি আপীল করিতে চাহেন, তাহা হইলে, আগামীকাল হইতে পরবর্তী 14 দিনের মধ্যে আপনি --- উচ্চ ন্যায়ালয় বা সর্বোচ্চ-ন্যায়ালয় -কে উদ্দেশ্য করিয়া এই আদালতে আপীল-পত্র জমা দিতে পারিবেন।

পরিচ্ছেদ 3. নিম্ন আদালতের রায়ের মুখ্য অংশের উদাহরণ

1. দোষী সাব্যস্ত হওযার অবস্থায়ে

(1)　主刑

ア　基本型

・　被告人を懲役〈禁錮〉１年に処する。

・　被告人を罰金２０万円に処する。

・　被告人を拘留１０日に処する。

イ　少年に不定期刑を言い渡す場合

被告人を懲役1年以上2年以下に処する。

ウ　併科の場合

被告人を懲役1年及び罰金２０万円に処する。

エ　主文が2つになる場合

被告人を判示第1の罪について懲役1年に，判示第2の罪について懲役2年に処する。

(2)　未決勾留日数の算入

ア　基本型

未決勾留日数中３０日をその刑に算入する。

イ　本刑が数個ある場合

未決勾留日数中３０日を判示第1の罪の刑に算入する。

ウ　本刑が罰金・科料の場合

未決勾留日数中３０日を，その1日を金５０００円に換算して，その刑に算入する。

エ　刑期・金額の全部に算入する場合

・　未決勾留日数中，その刑期に満つるまでの分をその刑に算入する。

・　未決勾留日数中，その1日を金５０００円に換算してその罰金額に満つるまでの分を，その刑に算入

(1) প্রধান শাস্তি

A. শাস্তিদানের প্রাথমিক সূত্র

- বিবাদীকে এক বৎসরের জন্য সশ্রম (অথবা বিনাশ্রম) কারাদন্ড হইল।
- বিবাদীকে 2,00,000 ইয়েন জরিমানা করা হইল।
- বিবাদীকে 10 দিনের জন্য ন্যায়িক আটকাদেশ দেওয়া হইল।

B. কিশোর (নাবালক) অভিযুক্ত কে অনির্ধারিত সাস্তি সোনার মামলা

বিবাদীকে ন্যুনতম এক বৎসরের জন্য (অধিকতম দুই বৎসর) সশ্রম কারাদন্ডের আদেশ দেওয়া হইল।

C. কারাদন্ড এবং জরিমানার সমানান্তর শাস্তি

বিবাদীকে এক বৎসরের সশ্রম কারাদন্ড এবং 2,00,000 ইয়েন জরিমানা করা হইল।

D. পৃথক পৃথক অপরাধের শাস্তি

বিবাদীকে প্রথম অপরাধের জন্য এক বৎসরের জন্য সশ্রম কারাদন্ড এবং দ্বিতীয় অপরাধের জন্য দুই বৎসরের সশ্রম কারাদন্ড দেওয়া হইল।

(2) শাস্তির মিয়াদের সহিত বিচারাধীন অবস্থায় আটক থাকিবার দিনগুলির অন্তর্ভুক্তি

A. শাস্তিদানের প্রাথমিক সূত্র

মুকদ্দমা শুরু হওয়া পর্যন্ত মোট যতদিন আটক থাকিতে হইয়াছে তাহার 30 দিন কারাদন্ডের মোট মিয়াদ হইতে বাদ দেওয়া হইবে।

B. পৃথক শাস্তি সমূহ

মুকদ্দমা শুরু না হওয়া পর্যন্ত যতদিন আটক থাকিতে হইয়াছে তাহার 30 দিন প্রথম অপরাধের জন্য কারাদন্ডের মিয়াদ হইতে বাদ দেওয়া হইবে।

C. মামলার প্রাথমিক শাস্তি/জরিমানা অথবা সামান্য অর্থদন্ড

বিচার শুরু না হওয়া পর্যন্ত মোট যতদিন আটক থাকিতে হইয়াছে তাহার সমতুল্য 30 দিন শাস্তির মিয়াদ হইতে বাদ যাইবে। এ ক্ষেত্রে প্রতিদিনের হিসাব 5,000 ইয়েনের পরিবর্তিত করিয়া জরিমানার মোট পরিমাণ হইতে 30 দিনের সমপরিমাণ অর্থ বাদ যাইবে।

D. মুকদ্দমার অপেক্ষায় আটক থাকার দিনগুলি শাস্তির জন্য নির্ধারিত মোট দিন সংখ্যা হইতে অথবা জরিমানার অর্থ হইতে বিয়োজিত করা/বাদ দেওয়া

- মুকদ্দমার অপেক্ষায় আটক থাকিবার দিনগুলির একটি অংশ শাস্তির জন্য নির্ধারিত/প্রাপ্ত মোট দিনেগুলি হইতে বাদ দেওয়া হইবে। ইহার ফলে শাস্তির মোট দিনের হিসাবে কোন বৈষম্য ঘটিবে না।
- মুকদ্দমার অপেক্ষায় আটক থাকার মোট দিনগুলির হিসাব দিন প্রতি 5,000 ইয়েনের সমতুল্য করিয়া মোট জরিমানার পরিমাণ হইতে বাদ

する。
(3) 労役場留置

ア 基本型

その罰金を完納することができないときは，金５０００円を１日に換算した期間被告人を労役場に留置する。

イ 端数の出る場合

その罰金を完納することができないときは，金６０００円を１日に換算した期間（端数は１日に換算する。）被告人を労役場に留置する。

(4) 刑の執行猶予

この裁判が確定した日から３年間その刑の執行を猶予する。

(5) 保護観察

被告人をその猶予の期間中保護観察に付する。

(6) 補導処分

被告人を補導処分に付する。

(7) 没収

ア 基本型

押収してある短刀１本（平成〇〇年押第〇〇号の１）を没収する。

イ 偽造・変造部分の没収

押収してある約束手形１通（平成〇〇年押第〇〇号の１）の偽造部分を没収する。

ウ 裁判所が押収していない物の没収

〇〇地方検察庁で保管中の約束手形１通（平成〇〇年

যাইবে। এইভাবে মোট জরিমানার হিসাবেও বৈষম্য ঘটিবে না।

(3) শ্রমগৃহেতে আটক

A. শাস্তিদানের প্রাথমিক সূত্র

বিবাদী যদি জরিমানার সম্পূর্ণ পরিমাণ দিতে অপারগ হন, সেক্ষত্রে তাঁকে দিন প্রতি 5,000 ইয়েনের হারে, শাস্তির জন্য নির্ধারিত মোট আদেয় দিনের হিসাব ধার্য করিয়া ততদিন কোন কারখানায় আটক রাখা হইবে।

B. ভগ্নাংশ হিসাব

বিবাদী যদি জরিমানার সম্পূর্ণ অর্থ দিতে অপারগ/অসমর্থ হন, তাহা হইলে তাঁহাকে দিন প্রতি 6,000 ইযেনে মজুরী হারে শাস্তির জন্য নির্ধারিত মোট (অদেয়) দিনের হিসাব ধার্য করিয়া ততদিন কোন কারখানায় (কাজ করিবার জন্য) আটক রাখা হইবে। এক্ষেত্রে, দিনের অংশ বা ভগ্নাংশকে একটি সম্পূর্ণ দিন হিসাবে গণ্য করা হইবে।

(4) শাস্তি-সম্পাদন সাময়িকভাবে স্থগিত রাখা

যে দিন দন্ডাদেশ চূড়ান্ত হইবে, সেইদিন হইতে 3 বৎসরের জন্য দন্ডাদেশ কার্যকর করা সাময়িকভাবে স্থগিত রাখা হইবে।

(5) অবেক্ষণকালীন তত্ত্বাবধান

দন্ডাদেশ সম্পাদন সাময়িকভাবে স্থগিত রাখা কালে, বিবাদিকে অবেক্ষণ তত্ত্বাবধায়কের অধীনে থাকিতে হইবে।

(6) নির্দেশ-নিয়ন্ত্রণে থাকা

বিবাদীকে এতদ্বারা নির্দেশ-নিয়ন্ত্রণে থাকিবার শাস্তি প্রদান করা হইতেছে।

(7) বাজেয়াপ্তকরণ

A. শাস্তিদানের প্রাথমিক সূত্র

আটক করা ছোট একটি চাকুটি/ছোরাটি (আটক বস্তু সংখ্যা 1, ----) বাজেয়াপ্ত করা হইবে।

B. দলিলপত্রের জাল এবং পরিবর্তিত অংশবিশেষ বাজেয়াপ্তকরণ

আটক করা অঙ্গীকার পত্রের জাল অংশটি (আটক বস্তু সংখ্যা 1, ----) বাজেয়াপ্ত করা হইবে।

C. আদালতের অধিকারে নাই, এমন বস্তুর বাজেয়াপ্তকরণ

জেলা-সরকারী উকিলের দপ্তরের তত্ত্বাবধানে রাখা অঙ্গীকার পত্র

○地領第○○号の１）を没収する。

エ　犯罪被害財産の没収

○○地方検察庁で保管中の現金８００万円（平成○○年○地領第○○号の１，当該現金は犯罪被害財産）を没収する。

(8)　追徴

ア　基本型

被告人から金１０万円を追徴する。

イ　犯罪被害財産の価額の追徴

被告人から金３００万円（当該金３００万円は犯罪被害財産の価額）を追徴する。

(9)　被害者還付

ア　基本型

押収してある本１冊（平成○○年押第○○号の１）を被害者Aに還付する。

イ　被害者不明の場合

押収してある本１冊（平成○○年押第○○号の１）を被害者（氏名不詳）に還付する。

ウ　被害者が死亡した場合

押収してある本１冊（平成○○年押第○○号の１）を被害者Aの相続人に還付する。

(10)　仮納付

被告人に対し，仮にその罰金に相当する金額を納付すべきことを命ずる。

(11)　訴訟費用の負担

(আটক বস্তু সংখ্যা 1, ----) বাজেয়াপ্ত করা হইবে।

D. অবৈধ ভাবে প্রাপ্ত করা সম্পত্তির বাজেয়াপ্ত্যা করণ

---- জেলা সরকারি উকিলের দপ্তরের অধীনে রাখা নগদ 80 লক্ষ ইয়েন (আটক বস্তু সংখ্যা 1, ----, এটা অবৈধ ভাবে অর্জিত অংস) বাজেযাপ্ত করা হবে।

(8) অতিরিত্ত আদায়

A. প্রাথমিক সূত্র

বাজেয়াপ্ত করার পরিবর্তে, বিবাদী 1,00,000 ইযেন সমতুল্য পরিমাণ অর্থ জমা করিবেন।

B. অবৈধ ভাবে অর্জিত সম্পত্তির মূল্যের অতিরিক্ত ভুগতান

অতিরিক্ত জরিমানা হিসাবে অভিযুক্ত ব্যক্তির কাছ থেকে 30 লক্ষ্য ইযেন নেওয়া হবে (এই 30 লক্ষ্য ইযেন অবৈধ ভাবে অর্জিত সম্পত্তির মূল্য)

(9) আটক দ্রব্যাদি পীড়িত ব্যক্তিকে ফেরৎ

A. শাস্তিদানের প্রাথমিক সূত্র

আটক করা পুস্তকটি (আটক বস্তু সংখ্যা 1, ----) পীড়িত ব্যক্তি A-কে ফিরৎ দেওয়া হইবে।

B. অজ্ঞাত পরিচয় পীড়িত ব্যক্তি

আপাতত, অজ্ঞাতনামা পীড়িত ব্যক্তিটিকে আটক করা পুস্তকটি (আটক বস্তু সংখ্যা 1, ----) ফিরৎ দেওয়া হইবে।

C. পীড়িত মৃত ব্যক্তি (যাহার মৃত্যু হইয়াছে)

আটক পুস্তকটি (আটক বস্তু সংখ্যা 1, ----) মৃত ব্যক্তির A-র উত্তরাধিকারী কে ফিরৎ দেওয়া হইবে।

(10) অর্থ প্রদান (সাময়িকভাবে)

এতদ্বারা বিবাদীকে সাময়িকভাবে জরিমানার সমতুল্য পরিমাণ অর্থ দিবার আদেশ দেওয়া হইল।

(11) মামলার খরচ প্রদান

・　訴訟費用は被告人の負担とする。

・　訴訟費用は被告人両名の連帯負担とする。

・　訴訟費用は，その２分の１ずつを各被告人の負担とする。

・　訴訟費用のうち，証人Ａに支給した分は被告人の負担とする。

・　訴訟費用中通訳人○○○○に支給した分を除き，その余の分は被告人の負担とする。

⑿　刑の執行の減軽又は免除

・　その刑の執行を懲役１年に減軽する。

・　被告人を懲役１年に処し，その刑の執行を免除する。

⒀　刑の免除

被告人に対し刑を免除する。

2　無罪・一部無罪の場合

(1)　無罪

被告人は無罪。

(2)　一部無罪

本件公訴事実中詐欺の点については，被告人は無罪。

3　その他の場合

(1)　免訴

被告人を免訴する。

(2)　公訴棄却

本件公訴を棄却する。

(3)　管轄違い

本件は管轄違い。

- বিবাদীকে মামলার খরচ বহন করিতে হইবে।
- বিবাদীগণকে যৌথ অথবা পৃথকভাবে মামলার খরচা বহন করিতে বাধ্য করা হইবে।
- মামলার খরচ বিবাদীগণ সমান ভাগে বহন করিবেন
- বিবাদী সাক্ষী A কে প্রদত্ত খরচা মামলার মোট খরচের অংশ রূপে দিবেন।
- দোভাষী ---- কর্তৃক গৃহীত খরচা ছাড়া মামলা সংক্রান্ত সমস্ত খরচই দিবার জন্য বিবাদীকে নির্দেশ দেওয়া হইল।

(12) সাজা কম করা অথবা সাজা মওকুফ করা

- দন্ডের পরিমাণ হ্রাস করিয়া এক বৎসর সশ্রম কারাদন্ড দেওয়া হইল।
- বিবাদীকে এক বৎসর সশ্রম কারাদন্ড দেওয়া হইল এবং পূর্বে আদালত যে সাজা দিয়াছিল তাহা মওকূফ করা হইল।

(13) সাজা মওকুফ

এতদ্বারা বিবাদীর সাজা মওকুফ আবেদন মঞ্জুর করা হইল।

2. বিবাদী নিরপরাধী এবং আংশিক অভিযোগের জন্য নিরপরাধী এই মর্মে ঘোষণা/রায়দান

(1) নিরপরাধী ঘোষণা

বিবাদীকে নিরপরাধী বলিয়া ঘোষণা করা হইল।

(2) আংশিক অভিযোগের জন্য নিরপরাধী

বিবাদী প্রতারণার অভিযোগের ব্যাপারে ঘোষণা করা হইল।

3. অন্যান্য বিচারের রায়

(1) খালাস

বিবাদীকে খালাস করিয়া দেওয়া হইল।

(2) অভিযোগ পত্র খারিজ

বিবাদীর বিরুদ্ধে অভিযোগ পত্র খারিজ করিয়া দেওয়া হইল।

(3) আইনী এখতিয়ারের অভাব

বর্তমান মামলাটি আদালতের এখতিয়ারের মধ্যে পড়েনা।

第４章　控訴審における判決主文の例

1　控訴棄却・破棄

⑴　控訴棄却

・　本件控訴を棄却する。

・　本件各控訴を棄却する。

・　本件控訴中被告人○○に関する部分を棄却する。

⑵　破棄自判

・　原判決を破棄する。被告人を懲役○年○月に処する。

・　原判決中有罪部分を破棄する。被告人は無罪。

・　被告人らに対する各原判決を破棄する。被告人Ａを懲役１年に，被告人Ｂを懲役６月にそれぞれ処する。

・　原判決中被告人○○に関する部分を破棄する。被告人○○を懲役３年に処する。

⑶　破棄差戻し

原判決を破棄する。本件を○○地方裁判所に差し戻す。

⑷　破棄移送

原判決を破棄する。本件を○○地方裁判所に移送する。

2　未決勾留日数の算入

・　当審における未決勾留日数中○○日を原判決の刑に算入する。

・　原審における未決勾留日数中○○日をその刑に算入する。

3　訴訟費用の負担

・　当審における訴訟費用中通訳人○○○○に支給した分を除き，その余の分は被告人の負担とする。

পরিচ্ছেদ 4. 'কোসো' আপীল আদালতের রায়ের উদাহরণ

1. কোসো আপীল (আবেদন) খারিজ; নিরস্ত করা

(1) আবেদন খারিজ

- কোসো-আবেদন খারিজ করিয়া দেওয়া হইল।
- বর্তমান মামলার সহিত সংশ্লিষ্ট সকল 'কোসো' আবেদন খারিজ (বাতিল) করিয়া দেওয়া হইল।
- বিবাদী -----র বিরুদ্ধে আনা 'কোসো' আবেদন খারিজ করা হইল।

(2) মামলাটি নিরস্ত করা এবং নতুন রায় পেশ করা

- মামলার প্রথম রায়টি নিরস্ত করা হইল।
- বিবাদীকে ---- বৎসর ---- মাহিনার জন্য সশ্রম কারাদন্ড দেওয়া হইল।
- প্রথম রায়ে উল্লিখিত দোষী সাব্যস্ত করা অংশটি নিরস্ত করা হইল। বিবাদীকে নিরপরাধ ঘোষিত করা হইল।
- বিবাদীগণের বিরুদ্ধে প্রত্যেক প্রথম রায়টি নিরস্ত করা হইল। বিবাদী-A, এক বৎসরের সশ্রম কারাদন্ডে দন্ডিত হইলেন। বিবাদী-B, ছয়মাসের সশ্রম কারাদন্ডে দন্ডিত হইলেন।
- বিবাদী ----র বিরুদ্ধে প্রথম রায়টির সম্বন্ধিত অংস কে নিরস্ত করা হইল। বিবাদী ---- তিন বছরের জন্য সশ্রম কারাদন্ডে দন্ডিত হইলেন।

(3) রাযে বাতিল করা ও পূর্বাবস্থায় প্রেরণ

প্রথম রায়টি বাতিল হইল। মামলাটি ---- জেলা আদালতে পাঠান হইল।

(4) মামলাটির বাতিল আর হস্তান্তরিত করা

প্রথম রায়েটি নিরস্ত করা ও মামলাটি --- জেলা আদালতে হস্তান্তরিত করা হইবে।

2. বিচারের অপেক্ষায় আটক থাকিবার দিনগুলির নির্ধারিত শাস্তির মিয়াদের সহিত অন্তর্ভুক্তি

- পুনর্বিচারের অপেক্ষায় বিবাদী যে --- দিন আটক অবস্থায় কাটাইয়াছেন প্রথম রায়ের নির্দেশে প্রাপ্ত শাস্তির মিয়াদ হইতে সেই দিনগুলি বিয়োজিত হইবে।
- নিম্ন আদালতে বিচারের অপেক্ষায় আটক থাকিবার মোট দিনগুলির মধ্যে ---- দিন শাস্তির মিয়াদ হইতে বিয়োজিত হইবে।

3. মামলা সংক্রান্ত খরচ বহন

- বর্তমান আদালতে ব্যয়িত মামলা সংক্রান্ত দোভাষী ----র খরচা ব্যতিরেকে বাকী ব্যয়ভাব বিবাদীকে বহন করিতে হইবে।

・　原審における訴訟費用中証人○○○○に支給した分は，被告人の負担とする。

第5章　第一審における判決理由

1　罪となるべき事実

(1)　不正作出支払用カード電磁的記録供用罪及び窃盗罪の例

「被告人は，A名義のキャッシュカードを構成する人の財産上の事務処理の用に供する電磁的記録を不正に作出して構成されたB名義のキャッシュカードの外観を有する不正電磁的記録カード１枚を使用して，金員を窃取しようと企て，平成○○年６月１２日午前１１時３０分ころ，東京都杉並区西荻窪４丁目２番５号所在のC銀行西荻窪支店において，前後２回にわたり，人の財産上の事務処理を誤らせる目的で，上記カードを同所設置の現金自動預払機に挿入させて同カードの電磁的記録を読み取らせて同機を作動させ，同カードの電磁的記録を人の財産上の事務処理の用に供するとともに，同機からC銀行西荻窪支店長管理に係る現金５０万円を引き出して窃取したものである。」

(2)　覚せい剤取締法違反罪の例

「被告人は，法定の除外事由がないのに，平成○○年４月５日午後６時３０分ころ，山中市山田町３番６号の被告人方において，覚せい剤であるフェニルメチルアミノプロパン約０．０４グラムを含有する水溶液０．２５ミリリットルを自己の左腕に注射し，もって，覚せい剤を使用したものである。」

(3)　大麻取締法違反罪の例

. নিম্ন আদালতে মোটখরচের অংশ হিসাবে সাক্ষী ----কে যে অর্থ দেওয়া হইয়াছে সেটিও বিবাদী বহন করিবেন।

পরিচ্ছেদ 5. নিম্ন-আদালতের রায়ের ভিত্তি-প্রমাণ

1. অপরাধ ঘটানোর তথ্যসমূহ

(1) অবৈধ উপায় বানানো পেমেন্ট কার্ডের বিদ্যুৎ চুম্বকিয় পারিসংখ্যায়ের এর প্রয়োগ এবং টাকা চুরির উদাহরণ

"অভিযুক্ত 'A' এর নামে জারি করা এ.টি.এম. কার্ডের এনকোডেড নিজের সম্পত্তির ত্রাণজেকশনের জন্ন্য ব্যবহারিত বিদ্যুৎ চুম্বকিয় পরিসনখ্যার অবেদ্ধ রূপে বানানো আর ওই অবেদ্ধ ডেটার এনকোডেড কার্ড যেটা কি B র নামে জারি এ.টি.এম. কার্ডে যেরকম আকার প্রকার ছিলো দ্বারা টাকা চুরি করবার প্ল্যান বানিয়েছিলো। আবার 12 ই জুন ----এর সকাল 11:30 নাগাদ 4-2-5 নিশিওগিকুবো সুগিনামি-কু ,টোকিও তে অবস্থিত 'C' ব্যাঙ্কের নিশিওগিকুবো শাখা তে নিজেরসম্পত্তির ত্রাণজেকশনের ভুল করার উদ্দেশস্যে ওই কার্ড ওই জায়গা স্থিত এ.টি.এম. ম্যাশিনে দ্বিতীয় বার লাগিয়েছিলো আর ওই কার্ডের বিদ্যুৎ চুম্বকিয় পরিসনখ্যা রীড করে ওই মেশিন সঞ্চালিত করেছিলো। এই ভাবে অভিযুক্ত ওই কার্ডের বিদ্যুৎ চুম্বকিয় পরিসনখ্যা নিজের সম্পত্তির ত্রাণজেকশনের জন্ন্যে ব্যবহার করেছিলো আর এরি সংঘে ওই মেশীন থেকে C ব্যাঙ্কের নিশিওগিকুবো শাখার প্রবন্ধকের প্রবন্ধনের অন্তর্গত নগদ 5 লক্ষ্য ইযেন বার করে চুরি করে।"

(2) উত্তেজক ঔষধ নিয়ন্ত্রণ আইন লঙ্গনের উদাহরণ

"বিবাদী ---- সালের 5-ই এপ্রিল তারিখে প্রায় ছয়টা তিরিশ মিনিট নাগাদ ইয়ামানাকা সিটির অন্তর্গত 3-6 ইয়ামাদাচো'তে অবস্থিত তাঁহার বাসভবনে, অস্বাভাবিক আচরণের জন্য কোন আইনগত ব্যবস্থা না থাকার সুবাদে, তাঁহার বামহাতে, 0.25 মিলিলিটর পাণীতে প্রায় 0.04 গ্রাম ফিনাইল মিথাইল আমিনো প্রপেন মিশ্রিত উত্তেজক ইন্জেকশান লন। এভাবে, তিনি উত্তেজক মাদক/ঔষধ ব্যবহার করেন।"

(3) গাঁজা(ক্যানাবিস) নিয়ন্ত্রণ-আইন লঙ্গনের উদাহরণ

「被告人は，みだりに，大麻を輸入しようと企て，大麻草７０．９４グラム（種子を含む）を自己の着用する両足靴下底にそれぞれ隠匿携帯した上，〇〇〇〇年５月３日（現地時間），Ａ国〇〇国際空港から〇〇航空０１７便の航空機に搭乗し，平成〇〇年５月４日午後零時３０分ころ千葉県成田市所在の成田国際空港に到着し，大麻を身につけたまま同航空機から本邦に上陸し，もって，本邦内に大麻を輸入したものである。」

(4) 麻薬及び向精神薬取締法違反罪の例

「被告人は，みだりに，平成〇〇年６月１０日午後６時ころ，東京都千代田区田中町３番１号の被告人方洋服ダンス内に麻薬である塩酸ジアセチルモルヒネの粉末約１０グラムを所持したものである。」

(5) 売春防止法違反罪の例

「被告人は，売春をする目的で，平成〇〇年１０月８日午後１１時２０分ころから同日午後１１時４５分ころまでの間，横浜市港北区新横浜２丁目５番１０号喫茶店「かおり」横付近から同区同町２丁目２番４号葵銀行新横浜支店前に至る間の路上をうろつき，あるいは立ち止まるなどし，もって，公衆の目にふれるような方法で客待ちをしたものである。」

(6) 強盗致死罪の例

「被告人は，遊興費欲しさとうっ憤晴らしのために，適当な相手を見つけて袋だたきにして所持金等を強取しようと考え，Ａ，Ｂと共謀の上，平成〇〇年１２月３日午前３

"বিবাদি, অচলিত আচরণের জন্য আইনগত কোন ব্যবস্থা না থাকার সুবাদে, গাঁজা (ক্যানাবিস) আমদানীর উদ্দেশ্যে, (পায়ে) পরিহিত মোজার ভিতরে 70.94 গ্রাম ক্যানাবিস বীজসহ পাতা লুকাইয়া ---- সালের 3-রা মে তারিখে ---- দেশ কে ইন্টারন্যাশানাল এয়ারপোর্ট হইতে ---- এয়ারলাইন্স্-এর (উড়ান সংখ্যা 017) একটি হাওয়াই জাহাজে চাপেন। ---- সালের 4-মে তারিখের বেলা সাড়ে বারোটা নাগাদ চিবা প্রিফেকচারের অন্তর্গত নারিতা শহরে অবস্থিত নারিতা অন্তরাষ্ট্রীয় বিমানবন্দরে অবতরণ করিয়া বিবাদী এ জাপানে ক্যানাবিস আমদানী করেন।"

(4) মাদক এবং মানসিক উত্তেজনাকারীদ্রব্য নিয়ন্ত্রণ বিধি লঙ্গনের উদাহরণ

"বিবাদি, অচলিত আচরনের জন্য আইনগত কোন ব্যবস্থা না থাকার কারণে, ---- সালের 10-জুন তারিখে সন্ধ্যা প্রায় ছয়টার সময় টোকিও'র অন্তর্গত চিওদা-কু'র 3-1, তানাকা-চোতে অবস্থিত তাঁহার বাসভবনের ভিতর কাপড় রাখা আলমারীর গোপন অংশে নিজ অধিকারে প্রায় 10 গ্রাম হাইড্রক্লোরিক এসিড ডাইসিটাইল মারফীন পাউডার যে একধরনের নেসা জাতীয় পদার্থ রাখিয়া ছিলেন।"

(5) বেশ্যাবৃত্তি নিরোধ-আইন লঙ্গনের উদাহরণ

"---- সালের 8 অক্টোবর তারিখের রাত্রি এগারটা কুড়ি থেকে এগারটা পঁয়তাল্লিশ মিনিটের মধ্যে বিবাদি (আদমী/জেনানা) -এর য়োকোহামা অন্তর্গত কোউহোক্যু-ক্যুর 2-5-10 শিন-য়োকোহামায় অবস্থিত 'কাওরি' কফি হাউস এবং 2-2-4 শিন-য়োকোহামা'র আওই ব্যাঁকের শিন-য়োকোহামা শাখার পথের পাশে বেশ্যাবৃত্তির উদ্দ্যেশ্যে দাঁড়াইয়াছিলেন অথবা ঘোরাঘুরি করিয়াছিলেন। এই উপায়ে, তিনি প্রকাশ্যে খরিদ্দারকে আকর্ষণ করিবার জন্য অপেক্ষা করিতেছিলেন।"

(6) ডাকাতি, যাহাতে মৃত্যু ঘটিবার সম্ভাবনা আছে লঙ্গনের উদাহরণ

"বিবাদী, বিনোদনের খরচা সংগ্রহের জন্য অথবা ধনসম্পত্তি লুটিয়া লইবার উদ্দেশ্যে কাহাকেও মারধোর অথবা ডাকাতি করিতে মনস্থ করিয়াছিল। বিবাদী-A এবং বিবাদী-B, নিজেদের মধ্যে শলাপরামর্শ

時10分ころ，さいたま市大宮区高鼻町14番1号付近の路上において，たまたま通りかかったC（当時20歳）に対し，被告人，A，Bにおいてこもごも，その顔面，頭部，腹部等を多数回にわたってこぶしで殴り，力一杯蹴り付けるなどの暴行を加えた上，Aにおいて，抵抗できなくなったCからその所有する現金3万2000円くらいが入った財布1個を奪い取ったが，その際前記各暴行によって，Cに対し左側急性硬膜下血腫，脳挫傷，外傷性くも膜下血腫の傷害を負わせ，同月13日午後4時12分ころ，さいたま市大宮区盆栽町2丁目3番2号大宮病院において，それらの傷害により同人を死亡させたものである。」

(7) 自動車運転過失傷害罪の例

「被告人は，平成○○年9月12日午前9時30分ころ，普通乗用自動車を運転し，東京都武蔵野市吉祥寺東町31番地付近道路先の左方に湾曲した道路を荻窪方面から三鷹方面に向かい時速約50キロメートルで進行していた。こういった場合，自動車運転者としては前方を注視し，ハンドル操作を正しく行って進路を適正に保って進行すべき自動車運転上の注意義務がある。しかしながら，被告人は足元に落とした地図を拾うのに気を奪われたためこの注意義務に違反して，前方注視を欠き，ハンドルから一瞬手を離したまま，時速約50キロメートルで進行するという過失を犯した。このため，車は対向車線に進入して，対面進行してきたA運転の大型貨物自動車の右側面に衝突した上，その衝撃で更に前方に進出して，A運転車両の後方から進

করিয়া/ষড়যন্ত্র করিয়া ---- সালের 3-রা ডিসেম্বর তারিখে ভোর প্রায় তিনটা দশ মিনিটের সময় ওমিয়া-কুর 14-1, তাকাহানা-চো'র রাস্তায় C-কে (অপরাধের সময় তার বয়স ছিল 20 বৎসর) সর্বশক্তি দিয়ে মুখে মাথায় পেটে এবং শরীরের অন্যান্য স্থানে ঘুঁষি ও লাথি মারে। বিবাদী A অসহায় C-র নিকট হইতে তাহার 32 হাজার ইয়েন ভর্তি ওয়ালেটটি কাড়িয়া লয়। বিবাদি A এবং B পূর্বোক্ত আঘাতের দ্বারা C-এর মস্তিস্কের বিভিন্ন অংশে রক্তক্ষরণ জনিত ক্ষতের সৃষ্টি করে দেয়। ইহার ফলে, ---- সালের 13 ডিসেম্বর তারিখে বিকাল চারটা বারো মিনিট নাগাদ সাইতামা সহরের ওমিয়া কু 2-3-2 বন্‌শাই-চো,তে অবস্থিত ওমিয়া হসপিটালে C-এর মৃত্যু ঘটে। এই ভাবে গাম্হির আঘাত লাগার ফলে অভিযুক্ত A এবং B, Cএর মৃত্যুর কারণ হয়ে।"

(7) কার চালানোর অবহেলার জন্য শারীরিক খাতি পৌছানোর যুর্মের উদাহরণ

"---- সালের 12 সেপ্টম্বর তারিখের সকালে সাড়ে নয়টা নাগাদ মোটর গাড়ির চালকের বিবাদী, ওগিকুবো হইতে মিতাকা যাইবার পথে তোকিও'র মুসাশিনো-শহরের 31 হিগাশি-চো কিচিজোজি এলাকায় বাম দিক ঘেঁষিয়া চলা বাঁকে ঘন্টায় প্রায় 50 কিলোমিটার গতিবেগে একটি সাধারণ যাত্রীবাহী মোটরগাড়ি চালাইয়া লইয়া যান। এই অবস্থায়, একজন মোটর-চালক হিসাবে তাহার পেশাগত আচরণ-বিধি অনুযায়ী বিবাদিকে সম্মুখের পথের দিকে সতর্ক দৃষ্টি রাখিয়া সঠিকভাবে ষ্টিয়ারিং হুইল নিয়ন্ত্রণ করা উচিত ছিল। অথচ, বিবাদী মেঝেতে পড়িয়া যাওয়া 'পথ নির্দেশক-মানচিত্রটি' নিজের কাছে তুলিয়া লইতে গিয়া কর্তব্য বিধি লঙঘন করিয়াছেন এবং অগ্রবর্তী পথ সতর্কভাবে না দেখিয়া ক্ষনিকের জন্য স্টিয়ারিং হুইলের উপর হইতে হাত সরাইয়া লইয়া ঘন্টায় 50 কিলোমিটার গতিবেগে গাড়ি চালাইয়া অবহেলার পরিচয় দিয়াছেন। ইহার ফলে,মোটাগাড়িটি বিপরীত দিকের আপরিসর রাস্তায় ঢুকিয়া পড়ে এবং উলটা দিক হইতে আসা, চালক-A কর্তৃক ডানদিকে চালানো একটি ডেলিভারী ট্রাককে ধাক্কা মারে। এরপর, সংঘর্ষের প্রতিঘাতে আগাইয়া গিয়া চালক-B (ঘটনার সময় তাহার বয়স ছিল 55 বৎসর) চালিত আরেকটি ডেলিভারী ট্রাকের সহিত সংঘর্ষ বাধায়। এই ট্রাকটি সম্মুখের অংশ ডানদিকে রাখিয়া A-চালকের ট্রাকের আনুসরণ করিতেছিল। ইহার

行してきたＢ（当時５５歳）運転の普通貨物自動車の右前部に衝突した。その結果，Ｂに加療約２００日間を要する右股関節脱臼骨折の傷害を負わせたものである。」

(8) 傷害罪の例

「被告人は，平成〇〇年９月２日午後１時５分ころ，横浜市港南区日野南３丁目６番１７号先路上で，通行中のＡ（当時６２歳）に「おまえ，どこを歩いとるんじゃ。」などと因縁をつけ，こぶしでその顔を２回殴って転倒させ，その上に馬乗りになって更にその顔をこぶしで数回殴った。この暴行により，Ａに約５日間の加療を要する右肘部挫滅傷，顔面挫滅傷の傷害を負わせたものである。」

(9) 詐欺罪の例

「被告人は，不正に入手した平和カード株式会社発行のＡ名義のクレジットカードを使用してその加盟店から商品をだまし取ろうと企て，平成〇〇年４月５日午前１１時１５分ころ，東京都中央区中村町３番先中村ショッピングセンター１階株式会社中村銀座店において，同店店長Ｂに対し，代金支払の意思及び能力がないのに，自己がクレジットカードの正当な使用権限を有するＡであって，クレジットカードシステムによって代金の支払をするもののように装い，前記クレジットカードを提示してスーツ等３点の購入を申し込み，前記Ｂをしてその旨誤信させ，よって即時同所において，同人からスーツ等３点（価格合計７万３７００円相当）の交付を受けてこれをだまし取ったものである。」

ফলে, বিবাদী, A দ্বারা চালক B-এর ডানদিকের পশ্চাতভাগের অস্থিগ্রস্থিতে চ্যুতি ঘটাইয়া হাড় ভাঙ্গিয়া ফেলেন। ফলসরূপ, চালক B-কে প্রায় 200 দিন চিকিৎসাধীন থাকিতে হয়।"

(8) শারীরিক ক্ষতিসাধনের উদাহরণ

"---- সালের 2 সেপ্টেম্বর, বেলা একটা পাঁচ মিনিট নাগাদ, য়োকোহামা শহরের অন্তর্গত কোনান-ক্যুর'এর 3-6-17 হিনোমিনামি এলাকার রাস্তায় অন্যায়ভাবে জনৈক A-র (ঘটনার সময় তাঁহার বয়স ছিল 62 বৎসর) মুখে দুইবার ঘুঁষি মারিয়া মাটিতে ফেলিয়া দেয়। A সেই সময় ঐ রাস্তা ধরিয়া যাইবার সময় বলিয়াছিলেন, "ওহে ছোকরা, ভাল করে দেখে চলো, কোথা দিয়ে হাঁটছো?" বিবাদী ইহার পর তাঁহার বুকের উপর দুই পা ছড়াইয়া বসিয়া তাঁহার মুখে বারবার ঘুঁষি মারে। পূর্বোক্ত আঘাতের দ্বারা বিবাদী A-এর দক্ষিণ কনুই এবং মুখ মন্ডলের ক্ষতি সাধন করে। তাহার চিকিত্সায় প্রায় 5 দিন লাগে।"

(9) প্রতারণা /চালনারের উদাহরণ

"বিবাদী অবৈধভাবে জনাব A-র নামে হেইবা কার্ড লিমিটেড সংস্থা হইতে ইস্যু করা একটি ক্রেডিত কার্ড সংগ্রহ করে এবং এই কার্ড বেআইনীভাবে ব্যবহার করিয়া ক্রেডিত কার্ড সদস্যভুক্ত কোন একটি দোকান হইতে প্রতারণা পূর্বক মালপত্র সংগ্রহের পরিকল্পনা করে। বিবাদী, ---- সালের 5 এপ্রিল তারিখে বেলা প্রায় এগারটা পনের মিনিট নাগাদ তোকিও'র চুউও-কু'র 3 নং নাকামুরা-চো চুযোকু টোকিও এলার- অবস্থিত নাকামুরার গীন্জা শাখা - এর প্রথম তলে নাকামুরা শপিং সেন্টার-এ, স্বয়ং ক্রেডিত কার্ড এর প্রকৃত সত্ত্বাধিকারী এবং ক্রেডিত কার্ড পদ্ধতির মাধ্যমে ধারের টাকা পরিশোধ করিবার প্রকৃত অধিকারী জনাব A-র ভূমিকা লইয়া ম্যানেজার B-কে উপযুক্ত কার্ডটি মিন ভাবে দেখাইয়া একটি স্যুটসহ তিনটি সামগ্রী কিনিতে চাহেন। বিবাদী B-এর নিকট হইতে সামগ্রী তিনটি (যাহার মূল্য মোট প্রায় 73,700 ইয়েন) ধোকা দিয়ে নিয়ে নিয়েছে। ম্যানেজার B-, বিবাদীকে A ভাবিয়া লন এবং তিনি কার্ড-ব্যবস্থার মাধ্যমে মূল্য পরিশোধ করিয়া দিবেন বলিয়া বিশ্বাস করেন। বিবাদী /বিবাদী এইভাবে, দোকানটির সহিত প্রতারণা করেন।"

(10) 殺人罪の例（確定的故意の場合）

「被告人は，Ａ（当時６２歳）に雇われ，東京都江東区山中町５丁目２番４号所在の同人方に住み込んでいたものであるが，被告人が通行人に罵声を浴びせたのを前記Ａから叱責されて口論のあげく激高し，とっさに，同人を殺害しようと決意し，平成〇〇年３月８日午後７時ころ，同人方６畳間の押し入れの中から刃体の長さ１３センチメートルのくり小刀を持ち出して携え，同所において，左手で前記Ａの襟首をつかんで引き寄せながら，右手に持っていた前記くり小刀で同人の左胸部を突き刺し，同人がその場から逃げ出すや，追跡して同人方前路上でこれに追い付き，同所において，更に前記くり小刀で同人の左背部を突き刺し，よって，同人をして心臓刺切に基づく失血により即死させて殺害したものである。」

(11) 殺人罪の例（未必的故意の場合）

「被告人は，かねて，東京都千代田区山中２丁目８番９号所在のスナック「隼」の店員Ａ（当時３０歳）から軽蔑の目でみられていることに憤まんの情を抱いていたところ，平成〇〇年８月７日午後１時３０分ころ，前記「隼」において，客として，前記Ａにビールを注文したにもかかわらず，同人から「今日は帰れ。」と断られた上，刺身包丁を示され，「刺すなら刺してみろ。」と言われ，小心者と馬鹿にされたものと激高し酒の酔いも加わった勢いから，とっさに，同人が死亡する危険性が高い行為と分かっていながら，持ち合わせていた登山用ナイフ（刃体の長さ１０セ

(10) নরহত্যার উদাহরণ (যেখানে হত্যা করার উদ্দেশেই)

"বিবাদী, তোকিও'র অন্তর্গত কোতো-কু'র 5-চোমে -র 2-4 ইয়ামানাকা-চো'এ অবস্থিত A-র বাসায় A (অপরাধের সময় তাঁর বয়স ছিল 62 বৎসর) -র অধীনে কর্মে নিযুক্ত ছিল। জনৈক পথচারীর প্রতি চিৎকার করার জন্য জনাব A তাহাকে ভর্ৎসনা করেন। ইহার ফলে সে রাগিয়া যায় এবং উপযুক্ত A-কে তৎক্ষণাৎ খুন করিবার সিদ্ধান্ত লয়। ---- সালের মার্চ মাসের ৪ তারিখে সন্ধ্যা সাতটা নাগাদ বিবাদী জনাব – A-র বাসার ছয় মাদুর যুক্ত কক্ষের আলমারী হইতে একটি 13 সেন্টিমিটার লম্বা কাঠের নাক্কাশী করা ছুরি ডাহিন হাতে লইয়া বাম হাতে উপযুক্ত- A-র শার্টের কলার চাপিয়া ধরে এবং তাঁহার বাম বুকের উপর দিকে আঘাত করে। যখন উপযুক্ত-A প্রাণরক্ষার জন্য ছুটিয়া পলাইতে চাহেন, বিবাদী তাঁহাকে তাড়া করিয়া ধরিয়া ফেলে এবং কাবু করিয়া ফেলে। এইবার সে উপযুক্ত-A-র পিঠের বাম দিকের উপরের দিকে উপযুক্ত কাঠের নাক্কাশী করা ছুরিকাঘাত করে ফলে, উপযুক্ত -A-র হৃদযন্ত্রে ছিদ্র হইয়া প্রচুর পরিমাণে রক্তক্ষরণ হয় এবং তৎক্ষণাৎ তাঁহার মৃত্যু হয়। এইভাবে, বিবাদী জনাব A-কে খুন করে।"

(11) হত্যা (ফলের সম্ভাবনার আভাস) :এর উদাহরণ

"টোকিওর অন্তর্গত চিইয়োদা-কু'র ৪-9 ইয়ামানা 2 চোমে এলাকায় অবস্থিত 'হায়াবুসা' নামক পানশালার/বারের কর্মী জনাব A (তখন বয়স ছিল 30 বৎসর) বিবাদীকে হীনচোক্ষে/অবহেলার দৃষ্টিতে দেখিতেন বলিয়া তিনি তাঁহার প্রতি বিদ্বেষ মনোভাব পোষণ করিতেন। ---- সালের আগস্ট মাহিনার সাত তারিখে দুপুর দেড়টার সময় বিবাদী 'হায়াবুসা'-তে খরিদ্দার রূপে আসিয়া এক বোতল বিয়ারের অর্ডার দেন। উপযুক্ত জনাব A তাঁহাকে বিয়ার পরিবেশন করিতে অস্বীকার করেন এবং বিবাদীকে বলেন "আজকের মতো বাসায় ফিরিয়া যান"। পরে তিনি বিবাদীর সম্মুখে একটি মাছ কাটিবার ছুরি রাখিয়া বলেন, "যদি পারো, আমাকে আঘাত করো।" বিবাদী তাঁহার কাপুরুষতা তাঁহাকে পরিহাসের পাত্র করিয়া তুলিয়াছে ভাবিয়া রাগান্বিত হন এবং তাঁহার পরবর্তী প্রয়াশ A -র মৃত্যুর হওয়ার অনেক ক্ষতি আছে জানা সত্তেত্ত মদ্যের প্রভাবে A র পেটের ডান পাশে (বিবাদী) পর্বতারোহীদের ব্যবহারের 10 সেন্টিমিটার দীর্ঘ ছুরিকা দ্বারা আঘাত করেন। ফলে, ---- ওই মাসের ৪ তারিখে রাত্রি প্রায় দুটো পাঁচ

ンチメートル）で，同人の右下腹部を１回突き刺し，よって同月８日午前２時５分ころ，同区北川５丁目８番８号田中病院において同人を右腎等刺切による失血のため死亡させ，もって，同人を殺害したものである。」

(12) 銃砲刀剣類所持等取締法違反罪の例

「被告人は，法定の除外事由がないのに，平成〇〇年６月７日午後７時ころ，横浜市田中町１丁目２番３号付近路上に停車していた自己所有の普通乗用自動車内において，回転弾倉式けん銃１丁をこれに適合する実砲１９発と共に保管して所持したものである。」

(13) 出入国管理及び難民認定法違反罪の例

「被告人は，〇〇国国籍を有する外国人であり，平成〇〇年３月１０日，同国政府発行の旅券を所持して，千葉県成田市所在の成田国際空港に上陸し，我が国に入国したが，在留期間が平成〇〇年４月１０日までであったのに，その日までに在留期間の更新又は変更を受けないで我が国から出国せず，平成〇〇年５月１１日まで，神奈川県大和市大和町２丁目１４９番地に居住し，もって，在留期間を経過して不法に本邦に残留したものである。」

(14) 窃盗罪（万引）の例

「被告人両名は，共謀の上，平成〇〇年３月４日午後零時４５分ころ，東京都豊島区北山町１番２号株式会社北山池袋店において，同店店長Ａ管理のシャープペンシル３８本など合計８４点（定価合計３万０８５０円相当）を窃取したものである。」

মিনিট নাগাদ চিওদা-কুর ৪-৪ কিতাগাবা 5-চোমে এলাকায় অবস্থিত তানাকা হাসপাতালে ডান মূত্রাশয়ে ছিদ্র হওয়ার কারণে এবং অতিরিক্ত রক্তক্ষরণের জন্য A -র মৃত্যু ঘটে। এই উপায়ে বিবাদী A-কে খুনের জন্য দায়ী হইয়াছেন।"

(12) আগ্নেয়াস্ত্র ও তরবারি নিয়ন্ত্রণ লোন্ঘের উদাহরণ

"বিবাদী ---- সালের সাতই জুন তারিখে সন্ধ্যা প্রায় সাতটা নাগাদ, আইনগত কোন ব্যবস্থা না থাকার সুযোগে, এর জোকোহামা শহরের 2-3, তানাকা-চো রাস্তার 1-চোমে এলাকায় দন্ডায়মান তাঁহার নিজের গাড়ির মধ্যে 19টি জিন্দা কার্তুজসহ একটি রিভলভার এবং তদ্উপযোগী বারুদ নিজ অধিকারে রাখিয়া দেন।"

(13) অভিবাসন নিয়ন্ত্রণ এবং শরনার্থী স্বীকৃতিদান আইনের উদাহরণ

"বিবাদী --- দেশের নাগরিকতা প্রাপ্ত একজন বিদেশী। তিনি ---- সরকার কর্তৃক প্রদত্ত পাশপোর্ট লইয়া ---- সালের 10ই মার্চ তারিখে চিবা জেলার অন্তর্গত নারিতা শহরে অবস্তিত নারিতা অন্তরাষ্ট্রীয় বিমানবন্দরের অবতরণ করিয়া জাপানে আসেন। তাঁহাকে --- সালের 10ই এপ্রিল পর্যন্ত জাপানে অবস্থানের অনুমতি দেওয়া হইলেও,তিনি ঐ তারিখের মধ্যে জাপান ত্যাগ করেন নাই অথবা জাপানে বর্দ্ধিত সময় থাকিবার অনুমতির জন্য আবেদনও করেন নাই। এরূপ অবস্থায় তিনি ---- সালের 11ই মে পর্যন্ত কানাগাওবার অন্তর্গত যামাতো শহরের 2-149 যামাতো-চো এলাকায় অবস্থান করেন। এই উপায়ে, তিনি মঞ্জুরী প্রাপ্ত সময় সীমার অতিরিক্ত সময় বেআইনীভাবে জাপানে অবস্থান করেন।"

(14) চুরি (দোকান হইতে চুরির) উদাহরণ

"দুই বিবাদী নিজেদের মধ্যে ষড়যন্ত্র করিয়া ---- সালের 4 মার্চ তারিখের বেলা 12 টা 45 মিঃ নাগাদ কিতায়ামা লিমিটেডের ইকেবুকুরো স্টোর টোকিওর অন্তর্গত তোসীমা-কুর, 1-2, কিতাযামা-চোর ম্যানেজার A-র হিফাজৎ হইতে 3৪টি যান্ত্রিক (টিপ্) পেনসিল সহ 84 টি দ্রব্য (মোট মূল্য 30,850 ইয়েন) চুরি করেন।"

(15) 窃盗罪（すり）の例

「被告人両名は，共謀の上，平成〇〇年3月4日午後4時54分ころ，東京都台東区山下町1番2号付近路上で，被告人Xにおいて，通行中のA（当時30歳）が右肩に掛けていたショルダーバッグ内から，同人所有の現金4万3759円及びキャッシュカード等6点在中の札入れ1個（時価約1万円相当）を抜き取って，これを窃取したものである。」

(16) 教唆の例（窃盗）

「被告人は，平成〇〇年3月4日午後2時ころ，東京都千代田区北山町3番6号A方前路上において，Xに対し，「明日はこの家は留守になる。裏の戸はいつも開いているから，何か金目のものを取ってこい。」と申し向けて前記A方から金品を窃取するようにそそのかし，Xをしてその旨決意させ，よって，同月5日午後3時ころ，前記A方において，同人所有の腕時計1個（時価20万円相当）を窃取するに至らせ，もって，窃盗の教唆をしたものである。」

(17) 幇助の例（窃盗）

「被告人は，Xが，平成〇〇年3月4日午後3時ころ，東京都千代田区北山町3番6号A方において腕時計1個（時価20万円相当）を窃取するに際し，A方前路上でXのため，見張りをし，もって，同人の犯行を容易ならしめてこれを幇助したものである。」

2　証拠の標目

判示第1の事実について

(15) চুরি (পকেট মারার) উদাহরণ

"দুই বিবাদী জনাব A-র সম্পত্তি চুরি করিবার উদ্দেশ্যে ষড়যন্ত্র করেন। এই ষড়যন্ত্রের পর বিবাদী X, ---- সালের 4 মার্চ তারিখের বৈকাল চারটা চুয়ান্ন মিনিট নাগাদ টোকিওর অন্তর্গত তাইতো-কুর 1-2,য়ামাশিতা-চোর পথের উপর হইতে জনাব/জনাবা A-র (সে সময় বয়স ছিল 30 বৎসার) ডান কাঁধে ঝোলানো ব্যাগটি চুরি করিয়া লয়। যার মূল্য 10,000 ইয়েন ছিল সেই ব্যাগে একটি ক্যাশ কার্ড সমেত 43,759 ইয়েন নগদ এবং আরও ছয়টি জিনিস ছিল। তিনি সেই সময় ঐ স্থান দিয়া যাইতেছিলেন।"

(16) চুরি করার জন্য প্ররোচনা দেওয়ার উদাহরণ

"জনাব A-র বাসাটি টোকিওর, চিওড়া-কুর, 3-6, কিতায়ামা-চো এলাকায় অবস্থিত ---- সালের 4 মার্চ তারিখের বেলা দু'টো নাগাদ এই বাসাটির সামনে দাঁড়াইয়া বিবাদী, জনাব A-র বাসা হইতে টাকা পয়সা এবং ধন সম্পত্তি চুরি করিয়া আনিবার জন্য, "আগামীকাল বাসার সকল মানুষ বাহিরে চলিয়া যাইবে। পিছনের দরজা সব সময় খোলা থাকে। তুমি যাও এবং কিছু টাকা ও মূল্যবান দ্রব্যসামগ্রী চুরি করিয়া আনো" বলিয়া X-কে প্ররোচিত করিয়াছিল। ইহা শুনিয়া X চুরি করিতে মনস্থ করে। ইহার পর ---- সেই মাসের 5 তারিখের বেলা তিনটা নাগাদ A-র বাসা হইতে X-র একটি হাতঘড়ি (2,00,000 ইয়েন মূল্যের) চুরি করে। এইভাবে বিবাদী চুরি করিতে X-কে প্ররোচনা দিয়াছিল।"

(17) চুরি করিতে সহায়তা দানের উদাহরণ :

"---- সালের মার্চ মাসের 4 তারিখে বেলা 3-টা নাগাদ টোকিওর অন্তর্গত চিওড়া-কুর, 3-6, কিতায়ামা-চো এলাকায় অবস্থিত A-র বাসা হইতে যখন X একটি হাতঘড়ি (মূল্য 2,00,000 ইয়েন) চুরি করে, সে সময় বিবাদী জনাব A-র বাসার সম্মুখে দাঁড়াইয়া পথের দিকে নজর রাখিতেছিল। এইভাবে,সে X-কে চুরি করিতে সহায়তা করে"

2. সাক্ষ্যের তালিকা

বিচারপতির রায়ের-1 এর তথ্যের সম্বন্ধে

・　被告人の当公判廷における供述

・　被告人の検察官に対する平成○○年２月１５日付け供述調書

・　証人Ａの当公判廷における供述

・　Ｂの検察官に対する供述調書

・　Ｃの司法警察員に対する供述調書（謄本）

・　Ｄ作成の被害届

・　司法警察員作成の実況見分調書

・　司法巡査作成の平成○○年１月２２日付け捜査報告書

・　鑑定人Ｅ作成の鑑定書

・　押収してある覚せい剤１袋（平成○○年押第○○号の１）

・　○○地方検察庁で保管中のけん銃１丁（平成○○年○地領第○○号の１）

・　分離前の相被告人Ｙの当公判廷における供述

・　第３回公判調書中の証人Ａの供述部分

・　証人Ｃに対する当裁判所の尋問調書

・　証人Ｄに対する受命裁判官の尋問調書

・　当裁判所の検証調書

・　医師Ｆ作成の診断書

3　累犯前科

「被告人は，平成○○年３月２６日○○簡易裁判所で窃盗罪により懲役８月に処せられ，平成○○年１１月２６日その刑の執行を受け終わったものであって，この事実は検察事務官作成の前科調書によってこれを認める。」

- এই আদালতে বিবাদীর বক্তব্য
- ---- সালের 15-ই ফেব্রুয়ারী তারিখে সরকারী উকিলের সম্মুখে প্রদত্ত বিবাদীর নাথিকৃত বক্তব্য
- এই আদালতে সাক্ষী A-র বয়ান
- সরকারী উকিলের সম্মুখে প্রদত্ত B-র বক্তব্য
- বিচার সংশ্লিষ্ট পুলিশ আধিকারিকের সম্মুখে C-র নথিকৃত বক্তব্য (অনুলিপি)
- D কর্তৃক পীড়িত ব্যক্তির বিবরণ
- অপরাধের স্থান পরিদর্শনের পর বিচার সংশ্লিষ্ট পুলিশ অধিকারিকের চুড়ান্ত রিপোর্ট
- বিচার সংশ্লিষ্ট পুলিশ কনেষ্টবল প্রদত্ত ---- সালের 22 জানুয়ারী তারিখের তদন্ত রিপোর্ট
- E কর্তৃক সম্পূর্ণ করা বিশেষজ্ঞের রিপোর্ট
- বাজেয়াপ্ত করা উত্তেজক ঔষধপূর্ণ একটি প্লাষ্টিক ব্যাগ (আটক বস্তু সংখ্যা 1, ----)
- জেলা সরকারী উকিলের কার্যালয়ে রক্ষিত একটি 'হ্যান্ডগান' (আটক বস্তু সংখ্যা 1,......)
- এই আদালতে মামলাটি পৃথক করিবার পূর্বে সহ বিবাদী Y-এর বিবৃতি
- তৃতীয় বিচারের রিপোর্ট A-র নথিকৃত সাক্ষ্য
- এই আদালতে C-র নথিকৃত সাক্ষ্য
- সরকারীভাবে নিযুক্ত বিচারকের সম্মুখে D-র নথিকৃত সাক্ষ্য
- এই আদালতের হুকুমে গঠিত/প্রস্তুত বাধ্যতামূলক পরিদর্শন-নথিপত্র।
- চিকিৎসক F-এর মেডিক্যাল রিপোর্ট

3. সর্বাধিক দণ্ডদিতে পারার যোগ্য পূর্ব অপরাধের নথিপত্র

আদালত পর্যবেক্ষণ করিয়াছেন যে, সরকারী উকিলের সহকারী কর্মচারীর প্রদত্ত নথিপত্র অনুসারে ---- সালের 26 মার্চ তারিখে চুরির অপরাধে, --- সামারী আদালত বিবাদীকে আটমাসের সশ্রম কারাদণ্ডে দণ্ডিত করিয়াছিল এবং ---- সালের 26 নভেম্বর তারিখে বিবাদী কারাদণ্ডের মিয়াদ সম্পূর্ণ করে।

4　確定判決

「被告人は，平成○○年3月10日○○地方裁判所で傷害罪により懲役1年に処せられ，その裁判は同月25日確定したものであって，この事実は検察事務官作成の前科調書によってこれを認める。」

5　法令の適用

「被告人の判示所為は刑法199条に該当するところ，所定刑中有期懲役刑を選択し，その刑期の範囲内で被告人を懲役8年に処し，同法21条を適用して未決勾留日数中120日をその刑に算入し，押収してある刺身包丁1本（平成○○年押第○○号の1）は判示犯行の用に供した物で被告人以外の者に属しないから，同法19条1項2号，2項本文を適用してこれを没収し，訴訟費用は，刑事訴訟法181条1項ただし書を適用して被告人に負担させないこととする。」

6　量刑の理由

出入国管理及び難民認定法違反の例

・　本件は，Y国国民である被告人が，定められた在留期間を越えて不法に我が国に残留したという事案である。
・　被告人が我が国に不法に残留した期間が2年余りの長期であることなどに照らすと，被告人の刑事責任は重い。
・　他方で，被告人は，本件犯行について反省の態度を示し，今後は，本国に帰って，まじめな生活を送りながら，立ち直っていくことを誓っていること，被告人と生活を共にしていた婚約者が，被告人の本国で被告人と結婚して共に生活する気持ちでおり，被告人に対する寛大な処

4. আদালতের চূড়ান্ত/শেষ রায়

আদালত দেখিয়াছেন যে বিবাদী ---- সালের 10 মার্চ তারিখে --- জিলা আদালত কর্তৃক শারীরিক আঘাত করিবার অভিযোগে এক বৎসরের জন্য সশ্রম কারাদন্ডে দন্ডিত হইয়াছিলেন। সরকারী উকিল সাহিবের সরকারী কর্মচারী প্রদত্ত অপরাধ সংক্রান্ত নথিপত্র অনুসারে সেই 25 তারিখে এই বিচারের চূড়ান্ত রায় ঘোষিত হয়।

5. আইন এবং অধ্যাদেশ কে প্রয়োগ করা

আদালতের মতে বিবাদীর কৃতকর্ম দন্ডবিধির অনুচ্ছেদ সংখ্যা 199-এর আওতায় পড়ে। আদালত, অনুচ্ছেদের সংস্থান অনুসারে সশ্রম কারাদন্ডের জন্য মিয়াদের নূন্যতম সময় সীমা বিবেচনা করিয়া বিবাদীকে আট বৎসরের সশ্রম কারাদন্ডে দন্ডিত করিয়াছিল। দন্ডবিধির অনুচ্ছেদ সংখা 21 অনুসারে বিচারের অপেক্ষায় আটক থাকার 120 দিন পুর্বোক্ত শাস্তির মিয়াদ হইতে বিয়োজিত হইবে। আটক করা সব্জী কাটিবার যে ছুরিটি (আটক বস্তু সংখ্যা 1, ----) বিবাদী অপরাধের সময় ব্যবহার করিয়াছিল। ছুরিটি, দণ্ডবিধির অনুচ্ছেদ সংখ্যা 19(1)-2 এবং একই অনুচ্ছেদের প্রধান ধারা সংখ্যা(2) অনুসারে বাজেয়াপ্ত করা হইবে। ফৌজদারী মামলার দণ্ডবিধির 181(1) অনুচ্ছেদের ধারা অনুসারে বিবাদীকে মামলার খরচের টাকা প্রদান হইতে অব্যাহতি দেওয়া হইবে না।

6. দন্ডদানের ভিত্তি

উদাহরণ: অভিবাসন নিয়ন্ত্রণ এবং শরনার্থী স্বীকৃতি আইনের উলঙ্ঘন

- এই মামলাটি হইল Y দেশের অধিবাসী বিবাদীর অনুমতি প্রাপ্ত সময় সীমার অধিক সময় বে-আইনীভাবে জাপানে থাকিবার মামলা।
- বিবাদীর বেআইনী অবস্থানের সময়কাল দুই বৎসরের অধিক হইবার তথ্য সহ অন্য পরিস্থিতির আলোকে তাঁহার অপরাধের দায় অনেক বেশী গুরুত্বপূর্ণ।
- অপরদিকে,বিবাদী,বর্তমান অপরাধ সংক্রান্ত বিষয়ে দুঃখ প্রকাশ করিয়াছেন এবং নিজ দেশে ফিরিয়া যাইবার ও কঠোর পরিশ্রম করিয়া নিজের পুনর্বাসনের অঙ্গীকার করিয়াছেন। তাঁহার বান্ধবী/বন্ধু যিনি তাঁহার সহিত একত্রে বাস করেছিলেন,তিনি নিজদেশে ফিরিয়া গিয়া বিবাদীর সহিত বিবাহিত জীবন যাপন করিতে চাহেন এবং সেজন্য

罰を訴えていることなど，被告人にとって酌むべき事情もある。

・そこで，これらの事情を総合して主文のとおり刑を量定した。

第6章　控訴審における判決理由

1　理由の冒頭部分

本件控訴の趣意は，弁護人甲作成名義〈検察官乙提出〉の控訴趣意書記載のとおりであり，これに対する答弁は，検察官乙作成名義〈弁護人甲作成名義〉の答弁書記載のとおりであるから，これらを引用する。

控訴趣意中量刑不当〈事実誤認，訴訟手続の法令違反，理由不備〉の主張（論旨）について

2　理由の本論部分

(1)　控訴棄却

所論は，要するに，被告人には，本件輸入に係る物品が覚せい剤であるとの認識がなかったのであるから，被告人にその認識があったとして覚せい剤輸入の罪の成立を認めた原判決には，判決に影響を及ぼすことが明らかな事実の誤認があるというのである。しかし，原判決挙示の各証拠によると，被告人は，本件に至るまで，貨物船○○の船員として約２０回日本国と○○国との間を往復している者である上，○○国において船員としての教育を受けるに当たり，覚せい罪等の密輸が禁止されていることや関税関係法規等についての知識を得ていることが認められるから，覚せい剤が概ねどのような物品であるかを承知していたと推

তিনি সাজা দেবার সময় একটু দয়ার জন্য প্রার্থনা জানাইতেছেন। পরিস্থিতি বিবাদীর অনুকূলে।

পরিস্থিতি সমূহ বিবেচনায় রাখিয়া, আদালত মামলার মৌলিক বিষয় অনুযায়ী শাস্তি নির্ধারিত করিয়াছেন।

পরিচ্ছেদ 6. 'কোসো' আপীল আদালতের রায়ের ভিত্তি-প্রমাণ

1. প্রারম্ভিক অংশ

বিবাদী পক্ষের উকিলসাহিব A-কর্তৃক প্রস্তুত আপীলের কারণ সম্পর্কিত বিবৃতির মধ্যেই আপীলের বিষয়বস্তু নিহিত আছে (সরকারি উকিল B-র দ্বারা জমা)। সরকারী উকিল B-কর্তৃক প্রস্তুত জওয়াব সংক্রান্ত বক্তব্যের আধারে (বিবাদী পক্ষের উকিল A-র দ্বারা জমা) আপীলের কারণগুলি দেখানো হইয়াছে।

অতএব আদালত বিতর্কের বিষয়গুলি বর্ণনা করিবার সময় এই তথ্যসমূহ উদ্ধৃত করিতেছেন।

অন্যাহ্য দণ্ডদান প্রসঙ্গে (তথ্যানুসন্ধানগত ভ্রান্তি/প্রক্রিয়াগত আইন এবং জরুরী আইনের উল্লঙঘন/যথেষ্ট কারণ না থাকা) আপীলের কারণ সম্পর্কিত বিবরণ অনুযায়ী অন্তর্ভুক্ত আপীলের কারণ।

2. মামলার মূল অংশ:

(1) আপীল বাতিল করা

আপীলের কারণ সম্পর্কিত বিবৃতির সারাংশটি নিম্নরূপ মূল রায়ে উত্তেজক ঔষধ আমদানী করিবার দায়ে বিবাদীকে দোষী সাব্যস্ত করা হইয়াছিল। এখানে বলা হইয়াছে যে আমদানীকৃত বস্তুটি যে উত্তেজক ঔষধ সেটি বিবাদী জানিতেন। যাহা হউক,যেহেতু তাঁহার তথ্যটি জানা ছিলনা,সেজন্য রায়টিতে তথ্য অনুসন্ধানগত ভ্রান্তি থাকিয়া গিয়াছে এবং স্পষ্টতই এটি রায়কে প্রভাবিত করিতেছে।

যাহা হউক,মুলরায়ের তালিকাভুক্ত প্রমানের অংশগুলির পরিপ্রেক্ষিতে আদালত দেখিয়াছেন যে --- নামক মালবাহী জাহাজের নাবিকরূপে বিবাদী --- দেশ এবং জাপানের মধ্যে 20বার যাতায়াত করিয়াছেন এবং যে সময় তিনি ঐ দেশে নাবিকরূপে শিক্ষা গ্রহণ করিয়াছিলেন,সে সময় তিনি উত্তেজক ঔষধ অবৈধভাবে পাচার করিবার ক্ষেত্রে নিষেধাজ্ঞা এবং আবগারি আইন সম্পর্কিত জ্ঞান অর্জন করিয়াছিলেন। অতএব, অনুমান করা যাইতে পারে যে উত্তেজক ঔষধ কি বস্তু তাহা তিনি জানিতেন। এই অনুমানের উপর ভিত্তি করিয়া এবং নিম্নোক্ত কারনগুলির আলোকে সিদ্ধান্ত লওয়া যাইতে পারে যে বিবাদী প্রশ্নোত্তরের সময় উত্তেজক ঔসধ সম্পর্কে জ্ঞাত ছিলেন না বলিয়া যে ব্যাখ্যা দিয়াছেন তাহা বিশ্বাসযোগ্য নহে।কারনগুলি হইল, প্রথমত: বিবাদী

認されるところである。そして，このことを前提として，甲から本件物品の運搬を依頼された際の物品の運搬ないし引渡しの方法についての指示内容が極めて密行性を帯びたものであったこと，被告人は本件物品がビニール製５袋に分けられた白色の結晶状を呈した物質であることを確認していること，搬入の手段，方法が覚せい剤等を持ち込む際によく行われる典型的な隠匿運搬方法を採っていること，その他本件発覚前後の証拠隠滅工作，被告人の捜査官に対する供述の内容等記録によって認められる諸事情をも考え合わせると，本件物品が覚せい剤であるとは知らなかったという被告人の弁解は到底信用できるものではなく，本件輸入の際，被告人は本件物品が覚せい剤であるとの認識を有していたと認めるのが相当である。

したがって，原判決がその挙示する各証拠を総合して原判示事実を認定したことは相当であり，原判決に事実誤認はないから，論旨は理由がない。

(2) 破棄自判

所論は，要するに，被告人を禁錮１年６月に処した原判決の量刑は重すぎて不当であるというのである。

記録によれば，本件事故は，被告人が前車の発進に気を許し左方の安全を確認することなく発進進行した過失により，折から横断歩道上を自転車に乗って進行していた被害者に自車を衝突転倒させ死亡させたというものであって，過失及び結果の重大性にかんがみると，所論指摘の被告人に有利な事情を十分考慮しても，原判決の量刑は，その宣

যে সময় A কর্তৃক বিতর্কিত দ্রব্যটি বহন করিবার জন্য অনুরুদ্ধ হইয়াছিলেন এবং কিভাবে তাহা বহন করা এবং হস্তান্তরিত করা হইবে সে সম্পর্কে নির্দেশ পাইয়াছিলেন সমস্তই গোপনীয়তা রক্ষা করার চেষ্টার ইঙ্গিত দিতেছে। দ্বিতীয়তঃ বিবাদী স্পষ্টতই দেখিয়াছিলেন বিতর্কিত বস্তুটি পাঁচটি ভিনাইল (প্লাষ্টিক) থলিতে ভাগ করিয়া রাখা সাদা স্ফটিকের ন্যায় বস্তু। তৃতীয়ত, যেভাবে জাপানে বস্তুটি লইয়া আসা হইয়াছে সেটি উত্তেজক ঔষধ পাচারের প্রচলিত গোপন প্রদ্ধতি। চতুর্খত,এছাড়াও নথিপত্রে (রেকর্ড) আরও কিছু কিছু তথ্য উপস্থাপিত করা হইয়াছে যেমন, বর্তমান মামলাটি দায়ের করিবার আগে এবং পরে বিবাদী সংশ্লিষ্ট সাক্ষ্য প্রমাণ এবং তদন্তকারী অফিসারের নিকট তাঁহার প্রদত্ত বিবৃতি বিনিষ্ট করিবার প্রচেষ্টা করিয়াছেন। সুতরাং সন্দেহজনক বস্তুটি যে উত্তেজক ঔসধ এবং সেটির আমদানীও অবৈধ ছিল সে সম্পর্কে বিবাদী যে অজুহাত দেখাইতেছেন তাহা একেবারেই বিশ্বাসযোগ্য নহে। আমদানী করার সময় তিনি একটি যে উত্তেজক বস্তু তাহা জানিত এরূপ ভাবা যুক্তিসঙ্গত। অবাহিত ছিলেন সেটি যথার্থই অনুমান করা যায়। অতএব, এই আদালত, লক্ষ্য করিয়াছে যে তালিকাভুক্ত সাক্ষ্য-প্রমানগুলির উপর ভিত্তি করিয়া যে মূল রায়টি প্রস্তুত করা হইয়াছে তাহা যথাযথ হইয়াছে এবং তথ্যানুসন্ধানের ক্ষেত্রেও কোন ভ্রান্তি নাই।

(2) রায় বাতিল করা এবং নতুন রায় দেওবা

বর্তমান আবেদনে উপস্থাপিত সংক্ষিপ্ত সওয়াল-জওয়াবে দাবী করা হইয়াছে, মূল রায়ে যে দেড় বৎসরের সশ্রম কারাদন্ড দেওয়া হইয়াছে কঠোরতার বিচারে সেটি অসঙ্গত হইয়াছে। দলিল-দস্তাবেজ অনুসারে, বর্তমান মামলাটি যে দুর্ঘটনাকে উপলক্ষ্য করিয়া গঠিত হইয়াছে সেটি এইরূপ: মোটর গাড়িটি চালাইবার সময় বিবাদী, সাইকেল আরোহীটিকে রাস্তা পারাপারের সময় ধাক্কা দেয় এবং তাহার মৃত্যু ঘটায়। নিছক অবহেলাক্রমে তিনি বামদিকের নিরাপত্তার কথা চিন্তা না করিয়া অগ্রবর্তী সাইকেলটির পিছন হইতে তাঁহার গাড়িটি ষ্টার্ট করিয়া দেন। বিবাদীর অবহেলা ও দুর্ঘটনার ফলাফলের গুরুত্বের বিষয়টি বিবেচনা করিলে বিবাদীর অনুকুলে আনীত যুক্তিগুলির বিচার করিয়াও মূল

告時においては相当であったと認めることができる。

　　しかし，当審事実取調べの結果によれば，原判決後，被害者の遺族との間に，さらに任意保険等から・・・・・合計２０００万円を支払うことで示談が成立していること，示談の成立に伴い被害感情は一層和らぎ，被害者の遺族から寛大な処分を望む旨の上申がなされるに至っていることなどの事情が認められ，これによれば，原判決の量刑は，現時点においては刑の執行を猶予しなかった点において重きに失し，これを破棄しなければ明らかに正義に反するといわなければならない。

3　法令の適用部分
(1)　控訴棄却

　　よって，刑訴法３９６条により本件控訴を棄却し，刑法２１条により当審における未決勾留日数中５０日を原判決の刑に算入し，当審における訴訟費用は刑訴法１８１条１項本文を適用して被告人に負担させることとし，主文のとおり判決する。

(2)　破棄自判

　　よって，刑訴法３９７条２項により原判決を破棄し，同法４００条ただし書により更に次のとおり判決する。

　　原判決が認定した罪となるべき事実に原判決と同一の法令を適用（科刑上一罪の処理，刑種の選択を含む。）し，その刑期の範囲内で被告人を懲役２年１０月に処し，刑法２１条により原審における未決勾留日数中５０日をその刑に算入し，原審及び当審における訴訟費用は刑訴法１８１

রায়ে প্রদত্ত দণ্ডদান উপযুক্ত হইয়াছে বলিয়া স্বীকার করিতে হয়। যাহা হউক, পরীক্ষা করিয়া দেখা তথ্য গুলির ফলাফল হইতে আদালত লক্ষ্য করিয়াছেন যে মূল রায় দানের পর মৃতের পরিবার এবং বিবাদী পক্ষের মধ্যে বীমা ইত্যাদির মাধ্যামে মোট দুই কোটি ইয়েন প্রদানের ব্যাপারে একটি চুক্তি সম্পাদিত হয়। মৃতের পরিবার দুর্ঘটনা সম্পর্কিত বিষয়টি মিটাইয়া লইয়া লিখিতভাবে আদালতের নিকট দণ্ডলঘু করিবার আশা প্রকাশ করিয়াছেন। আদালত, মুলরায়ে দণ্ডদান স্থগিত করার বিষয়টি না মঞ্জুর করেন। কিন্তু, বর্তমান পরিস্থিতির আলোকে দন্ডের পরিমান অতিরিক্ত কঠোর হইয়াছে বলিয়া বিবেচনা করা উচিত। অতএব, আদালত যদি মূল রায়টি না পাল্টান তাহা হইলে রায়টি অনুচিত হইয়াছে বলিয়া প্রমাণিত হইবে।

3. আইন এবং অধ্যাদেশ কে প্রয়োগ করা

(1) আপিল খারিজ

ফৌজদারী আইনী প্রক্রিয়ার 396 ধারার উপর ভিত্তি করিয়া কোসো আপীলটি খারিজ/বাতিল করা হইল। দণ্ডবিধির 21 অনুচ্ছেদ অনুসারে, এই আদালতে বিচার শুরু না হওযার সময়ের মোট আটক থাকার দিনগুলির মধ্যে 50 দিন মূল রায়ে প্রদত্ত বন্দী থাকার মিয়াদ হইতে বাদ দেওয়া হইবে। ফৌজদারী দন্ডবিধির 181(1) অনুচ্ছেদের প্রধানধারা প্রয়োগ করিয়া এই আদালত বিবাদীকে মামলার খরচ সমুহ বহন করিবার আদেশ দিতেছে। এইভাবে আদালত মূল লেখ্য তে যেভাবে উল্লিখিত হইয়াছে সেইরূপেই রায় ঘোষণা করিয়াছেন।

(2) রায় বাতিল করা এবং নতুন রায় ঘোষণা

আদালত ফৌজদারী দণ্ডবিধির 397(2) অনুচ্ছেদকে ভিত্তি করিয়া মূল রায়টি বাতিল করিয়া আইনের 400 অনুচ্ছেদ –এর বিশেষ বিধি অনুযায়ী নিম্নোক্ত রায় ঘোষণা করিতেছেন:

আদালত, প্রাথমিক বিচারের রায়ে যে আইন ও অধ্যাদেশ প্রয়োগ করা হইয়াছিল সেটি এবং প্রাথমিক/মুল বিচারে অপরাধ ঘটানোর অনুরুপ তথ্য সমূহের প্রয়োগ (শাস্তিদানের এবং শাস্তির প্রকৃতি নির্ণয়ের উদ্দেশ্যে একাধিক অপরাধকে একটি ধরিয়া) করিয়াছে এবং আদালত,বন্দীত্ব মিয়াদের সীমার মধ্যে বিবাদীকে 2 বৎসর এবং 10 মাস সশ্রম কারাদণ্ডে দণ্ডিত করিয়াছেন। দণ্ডবিধির 21 অনুচ্ছেদ অনুসারে বিবাদী নিম্ন আদালতে বিচার শুরু হইবার পূর্বে মোট যে সময় পর্যন্ত আটক ছিলেন,তাহা হইতে 50 দিন পূর্বোক্ত দন্ডের মিয়াদ হইতে বাদ দেওয়া হইবে। ফৌজদারী দণ্ডবিধির 181(1) অনুচ্ছেদের বিশেষ ধারা প্রয়োগ করিয়া আদালত প্রথম (মূল)এবং বর্তমান আদালতে মামলার জন্য ব্যয় করিবার খরচ হইতে বিবাদিকে অব্যাহতি দিয়াছেন। এইরুপে,

条１項ただし書を適用して被告人に負担させないこととし，主文のとおり判決する。

(3) 破棄差戻し

よって，刑訴法３９７条１項，３７７条３号により原判決を破棄し，同法４００条本文により本件を原裁判所である〇〇簡易裁判所に差し戻すこととし，主文のとおり判決する。

আদালত মূল লেখ্যতে যেভাবে বলা হইয়াছে সেইভাবে রায় ঘোষণা করিয়াছেন।

(3) মূল রায় বাতিলিকরণ এবং মোকদ্দমাটি প্রাথমিক আদালতে পুনঃপ্রেষণ

অতএব

ফৌজদারী দন্ডবিধির 377-3 এবং 397(1) অনুচ্ছেদ অনুযায়ী মুলরায়টি বাতিল করা হইল এবং মামলাটি ফৌজদারী দণ্ডবিধির 400 অনুচ্ছেদ প্রধানধারা অনুযায়ী --- সামারীকোর্টে প্রেরণ করা হইল। মূললেখ্যতে যেভাবে বর্ণনা করা হইয়াছে সেভাবেই রায় ঘোষনা করা হইলো।

第４編

法律用語等の対訳

第４編　法律用語等の対訳

第１章　法律用語の対訳

【あ　行】

・相被告人［共同被告人］	・সহ বিবাদী (সহ অভিযুক্ত)
・あおる	・প্ররোচিত করা
・アリバイ	・অপরাধ ঘটিবার সময় অন্যত্র থাকিবার প্রমান
・アルコール中毒	・মদ্যপ/পানাসক্ত
・言い渡す	・ঘোষনা জারী, উদঘোষনা করা
・異議	・আপত্তি
・異議の申立て	・আপত্তি জানানো
・意見陳述	・মতামত প্রকাশ করা
・移送（被告事件の）	・(অভিযোগ মামলা/মকদ্দমা) স্থানান্তর করা
・移送（被告人の）	・(অভিযুক্ত ব্যক্তি বা বিবাদী কে) স্থানান্তর করা
・一事不再理	・যে মোকদ্দমাগুলির সম্পর্কে আদালতের সিদ্ধান্ত গ্রহন চূড়ান্ত হইয়াছে সেগুলির বিরুদ্ধে অভিযোগ আনয়নের উপর নিষেধ-বিধি (জাপানি সংবিধানের 39 অনুচ্ছেদের অধীন)
・遺伝	・বংশগত বিষয়ক
・居直り強盗	・চুরি ধরা পড়িবার পর আক্রমন অথবা সাত্মক কার্য কলাপের জন্য ধমক দেওয়া
・違法収集証拠	・অবৈধ উপায়ে সাক্ষ্য-প্রমান সংগ্রহ
・違法性	・অবৈধভাবে
・違法性阻却事由	・অবৈধতা অস্বীকার কারণ;যুক্তিসঙ্গতকারণ
・医療刑務所	・জেলখানায় বন্দীগণের চিকিৎসা-সুবিধা
・医療の終了	・চিকিত্সার সমাপ্তি বা অবসান

・因果関係	・কারণ,কার্য করণ সম্বন্ধ
・因果関係の中断	・কার্য কারণে বিঘ্ন সৃষ্টি
・インターネット異性紹介事業	・ইন্টারনেট ডেটিং পরিসেবা
・引致	・সন্দেহ ভাজন ব্যক্তিকে (বিবাদী/সাক্ষী) নির্দিষ্ট স্থানে লইয়া যাওয়া
・隠匿する	・গোপন করা
・員面調書	・ন্যায়িক পুলিশ কর্মচারীর সম্মুখে/দ্বারা লিখিত জবানবন্দী (বিবৃতি)
・うそ発見器	・মিথ্যা-নির্ণয় যন্ত্র: পলিগ্রাফ
・疑うに足りる相当な理由	・সন্দেহের সম্ভাব্য কারণ
・写し	・অনুলিপি
・うつ病	・মানসিক অবসাদ
・営業秘密	・ব্যবসা সংক্রান্ত গোপনীয়তা
・営利の目的	・অপরাধমূলক কাজ হইতে উপার্জন/লাভ করিবার ইচ্ছা
・閲覧する	・অনুসন্ধান করা, মনোযোগ সহকারে পরীক্ষা করা
・えん罪	・মিথ্যা অভিযোগ
・援用	・উল্লেখ(সূত্র); সরকারী নথিতে উল্লেখ (উদ্ধৃতি)
・押印	・সিল-মোহর
・押収	・বাজেয়াপ্ত করণ
・押収物	・বাজেয়াপ্ত বস্তু/দ্রব্য
・汚職	・দুর্নীতিপূর্ণ কাজ; উৎকোচ/মুনাফা অর্জন
・おとり捜査	・গুপ্ত গোয়েন্দা কর্তৃক তদন্ত(গ্রেফতারের উদ্দেশ্যে)
・恩赦	・মার্জনা/মাফ করা

【か 行】

・戒護	・নিরাপত্তা ব্যবস্থা (বিশেষতঃ কারাগারে)

・改ざんする	・পরিবর্তন/সত্য বিকৃত করা
・開示	・প্রকাশ করে দেওয়া; আবিস্কার করা
・改悛の情	・অনুতাপ, অনুশোচনা
・外傷性	・আঘাতজনিত স্নায়ুরোগ
・海上保安庁	・সমুদ্র বিষয়ক নিরাপত্তা সংস্থা
・海上保安留置施設	・উপকুল রক্ষী সেনা বিহিনী দ্বারা আটকের/সুরক্ষিত অবস্থায়ে থাকার ব্যবস্থা
・開廷	・আদালতের অধিবেশন（কার্য）শুরু করা
・回答書	・জবাব দেওয়া（উত্তর দান）র কাগজপত্র
・外務省	・বিদেশমন্ত্রাণালয়
・科学警察研究所（科警研）	・পুলিশ/আরক্ষা বিজ্ঞান সংক্রান্ত জাতীয় গবেষনা সংস্থা
・覚せい剤	・উত্তেজক ঔসধ
・覚せい剤中毒者	・উত্তেজক ঔষধে আসক্ত, মাদক আসক্তিতে ভোগা
・確定	・চূড়ান্ত করণ
・確定判決	・চূড়ান্ত রায়
・科刑上一罪	・দণ্ডদানের উদ্দেশ্যে একাধিক অপরাধকে একক ধরা; সম্মিলিত অপরাধ
・過失	・অবহেলা
・過失犯	・অবহেলা জনিতে অপরাধ
・過剰避難	・আসন্ন বিপদকে জরুরী ক্ষেত্রে অতিরিক্ত বলপ্রয়োগ করে এড়ানো/বানচাল করে দেওয়া
・過剰防衛	・অতিরিক্ত আত্মরক্ষা ব্যবস্থা
・加重	・অবনমন, প্রকোপ বৃদ্ধি
・家庭裁判所（家裁）	・পরিবার-আদালত
・家庭裁判所調査官	・পরিবার-আদালতের তত্বাবধায়ক অফিসার
・可罰的違法性	・দণ্ডযোগ্য অবৈধ কর্ম/দুস্কর্ম

・仮釈放	・প্যারোল （শর্তাধীন মুক্তি）
・仮納付	・অস্থায়ী/অর্থদান （সাময়িক）
・仮放免	・অস্থায়ী মুক্তি
・過料	・প্রশাসনিক জরিমানা
・科料	・সামান্য/গৌণ জরিমানা
・簡易公判手続	・সংক্ষিপ্ত বিচারন
・簡易裁判所（簡裁）	・সংক্ষিপ্ত-আদালত বা সামারি আদালত
・姦淫	・বলাত্কার, যৌন সঙ্গম
・管轄	・আইনী এখতিয়ার/অধিকার
・管轄違い	・আইনী এখতিয়ার/অধিকারের অভাব
・間接事実	・পরোক্ষ তথ্য
・間接証拠	・পরোক্ষ সাক্ষ্য-প্রমান
・間接正犯	・পরোক্ষ অপরাধী; অন্যের দ্বারা কৃতঅপরাধের জন্য অপরাধী
・監置	・আদালতের আদেশে আটক
・鑑定	・বিশেষজ্ঞের সাক্ষ্য প্রমান, বিশেষজ্ঞের অভিমত পরীক্ষন
・鑑定証人	・বিশেষজ্ঞের সাক্ষ্য
・鑑定嘱託書	・কাগজ পত্র যাচাই-এর জন্য বিশেষজ্ঞের অভিমত
・（鑑定その他）医療的観察	・বিশেসজ্ঞ দ্বারা পরীক্ষা এবং অন্যন্য চিকিত্সার ব্যবস্থা ও ডাক্তারি পরীক্ষা
・鑑定手続実施決定	・বিশেসজ্ঞ দ্বারা পরীক্ষার নির্দেশ জারি করা
・鑑定入院命令	・বিশেসগ্য দ্বারা পরীক্ষার জন্ন হাসপাতালে ভর্তির ব্যাপারে জজ বা বিচারের আদেশ
・鑑定人	・বিশেষজ্ঞ(প্রমান করার)
・鑑定留置	・বিশেষজ্ঞের পরীক্ষণের জন্য আদালতের আটকাদেশ
・観念的競合	・এককালীন সংঘটিত অপরাধ সম্পর্কে ধারণা/একযোগে ঘটিত অপরাধ
・還付	・বাজেয়াপ্ত দ্রব্য প্রত্যার্পন

・管理売春	・বেশ্যাবৃত্তি ব্যবসায় চালানো
・期間	・নির্দিষ্ট সময় সীমা
・棄却する	・বরখাস্ত করা
・偽計	・প্রতারণা/ষরযন্ত্রের পরিকল্পনা
・期日	・মামলার তারিখ/দিন
・期日間整理手続	・বিচারনের অন্তবর্তী প্রক্রিয়া
・期日間整理手続調書	・বিচারনের অন্তবর্তীর প্রক্রিয়ার নথিকরণ /রেকর্ড করা
・既遂	・অপরাধ সংঘটন সম্পূর্ণ হওয়া
・偽造	・জালিয়াতি
・起訴事実	・অভিযুক্তকরণ
・起訴状	・অভিযোগপত্র, অভিযোগ জ্ঞাপন
・起訴状の訂正	・অভিযোগ পূনর্বিবেচনা/সংশোধন
・起訴する	・অভিযোগ দায়ের
・起訴猶予	・অভিযোগ স্থগিত রাখা
・既判力	・বিবাদাস্পদ বিষয়টি স্থিরিকৃত করিবার বিষয়ে চূড়ান্ত বিচারের ফলাফল
・忌避	・বিচারকের যোগ্যতা সম্পর্কে প্রশ্ন তোলা, অযোগ্যতা
・基本的人権	・মৌলিক মানবিক অধিকার
・欺罔する（欺く）	・প্রতারিত করা
・客体の錯誤	・（অভিযোগের） বস্তু সম্পর্কে ভ্রান্তি
・却下する	・খারিজ, বাতিল
・求刑	・দণ্ডদান সম্পর্কে সরকারী উকিলের অভিমত
・急迫の危険	・আসন্ন বিপদ
・急迫不正の侵害	・আসন্ন এবং অবৈধ জুলুম/আক্রমণ
・恐喝する	・ধমকানো, ভয় দেখিয়ে কাজ আদায়
・凶器	・অস্ত্রশস্ত্র
・教唆する	・প্রস্তাব/সন্তষ্ঠ করা, দুষ্কর্মে উৎসাহ দান, উত্তেজিত করা
・供述	・ঘেষণা, বিবৃতি, সাক্ষ্য/অপসারণ（ক্ষমতা হইতে）

法律用語【か行】

・供述拒否権	・বিবৃতি দানে অস্বীকার জানানোর অধিকার (প্রমাণিক সাক্ষ্য)
・供述書	・লিখিত বিবৃতি
・供述調書	・মৌখিক বিবৃতি সম্পর্কে তদন্তকারী অফিসারের রেকর্ড (কাগজপত্র), নথিকৃত বিবৃতি
・供述の任意性	・স্বেচ্ছাকৃত বিবৃতিদান
・[強制] 送還	・বহিষ্কার আদেশ
・強制捜査	・বাধ্যতামূলক তদন্ত/অনুসন্ধান
・共同正犯	・সহ-অপরাধী
・共同被告人	・সহ বিবাদী
・共同暴行	・একাধিক অপরাধী কর্তৃক হুমকি প্রদান বা আক্রমন; যৌথ আক্রমনকারী
・脅迫する	・ধমক দেওয়া; ভয় দেখানো
・共犯	・সহায়ক, সঙ্গী
・共謀	・ষড়যন্ত্র
・共謀共同正犯	・সহ ষড়যন্ত্রকারী, ষড়যন্ত্রে মুখ্য সহায়তাকারী
・業務上過失	・কর্তব্য কর্মে অবহেলা; পারস্পরিক এবং ধারাবাহিক কর্মে অবহেলা
・業務上の注意義務	・পেশাগত অথবা বৃত্তিগত রক্ষণাবেক্ষণ; পারস্পরিক এবং ধারাবাহিক কর্মের ক্ষেত্রে রক্ষণাবেক্ষণের দায়িত্ব
・挙証責任	・নিজের মুকদ্দমা প্রমানের গুরুভার দায়িত্ব
・緊急逮捕	・জরুরীক্ষেত্রে পরোয়ানা ছাড়া গ্রেপ্তারী
・緊急避難	・আসন্ন বিপদ এড়ানো; জরুরী ক্ষেত্রে প্রয়োজনীয় কৌশল গ্রহণ
・禁錮	・কারাদণ্ড, বিনাশ্রম কারাদণ্ড
・禁制品	・(অবৈধ) নিষিদ্ধ দ্রব্য
・区	・এলাকা/ওয়ার্ড
・区検察庁（区検）	・স্থানীয় সরকারী উকিলগণের কার্যালয়

・区分審理	・নাগরিক বিচারক ব্যবস্থা অনুযায়ী একজন ব্যক্তির বিরুদ্ধে আরোপিত বিভিন্ন মুকদ্দমা প্রক্রিয়ার পৃথকীকরণ
・刑期	・কারাবাসের মিয়াদ
・警告	・সাবধান করা
・警察署	・পুলিশ থানা
・警察庁	・জাতীয় (পুলিশ) এজেন্সি
・警察庁次長	・জাতীয় পুলিশ এজেন্সি সহকারী কমিশনার জেনারেল
・警察庁長官	・জাতীয় আরক্ষ্যা সংস্থার কমিশনার জেনারেল
・警視	・পুলিশ অধিক্ষক বা পুলিশ সুপারিনটেন-ডেন্ট
・警視監	・পুলিশ অধিক্ষক বা পুলিশ সুপারিনটেন-ডেন্ট
・刑事施設	・দন্ডদান ব্যবস্থা, কারা/জেল
・刑事収容施設	・দান্ডিক অবরোধন সুবিধা
・刑事処分	・অপরাধের প্রবণতা
・警視正	・পুলিশের উচ্চতর অধিক্ষক
・刑事責任	・অপরাধের দায়
・警視総監	・শহরের পুলিশ বিভাগের সুপারিনটেনডেন্ট জেনারেল
・刑事第１部	・অপরাধী বিভাগ সংখ্যা
・警視庁	・মেট্রোপলিটন পুলিশ বিভাগ
・警視長	・মুখ্য অধিক্ষক
・刑事未成年者	・ফৌজদারী আইনের আওতায় জনৈক নাবালোক/অপ্রাপ্ত বয়স্ক
・刑の量定に影響を及ぼす情状	・দণ্ডদানে বিঘ্ন সৃষ্টিকারী পরিস্থিতি
・刑罰	・সাস্তিবিধান
・頚部	・গলা/গ্রীবা
・警部	・পুলিশ ইনেসপেক্টর
・警部補	・সহায়ক পুলিশ ইনেসপেক্টর
・刑務官	・কারাগার অফিসার

・刑務所	・কারাগার/জেলখানা
・刑務所長	・জেল প্রহরী
・結果回避義務	・ঘটনার ফলাফল এড়ানোর দায়িত্ব
・欠格事由	・আয়োজ্ঞতার ভিত্তি
・結果的加重犯	・ফলাফল নির্ভর গুরুতর অপরাধ
・結審する	・মামলার সমাপ্তিকরণ
・決定	・সিদ্ধান্ত, রায়
・県	・জেলা
・原因において自由な行為	・কারনের ক্ষেত্রে খোলাখুলি ব্যবস্থা নেওয়া
・厳格な証明	・কঠোর প্রমান/অকাট প্রমান
・県警察本部	・জেলা পুলিশের প্রধান কার্যালয়
・現行犯	・অপরাধীকে অপরাধের সময় ধরা (অপরাধী)
・現行犯人逮捕手続書	・অপরাধের সময় ধৃত অপরাধীর গ্রেপ্তার সংক্রন্ত দলিলপত্র
・原裁判所	・প্রাথমিক/নিম্ন আদালত
・検察官	・সরকারী উকিল
・検察官請求証拠	・সরকারি অভিযোজক দ্বারা আবেদিত সাক্ষ্য
・検察事務官	・সরকারি উকিলের সহায়ক অধিকারী
・検察審査員	・অভিযগ্যের তথ্য অনুসন্ধানের জন্ন্য গঠিত কমিটির সাদস্যবৃন্দ
・検察審査会	・অভিযগ্যের তথা অনুসন্ধান কমিটি/সভা
・検視	・শব-ব্যবচ্ছেদ/লাশ পরীক্ষা
・検事	・সরকারী উকিল
・検事正	・জিলা সরকারী উকিলগনের কার্যালয়ের প্রধান
・検事総長	・এটর্নী জেনারেল
・検事長	・তত্ত্বাবধায়ক সরকারী উকিল
・現住建造物	・বাসগৃহের কাঠামো/বাসগৃহ
・検証	・(বাধ্যতামুলক) পরিদর্শন

・検証調書	・বাধ্যতামুলক পরিদর্শনের কাগজ পত্র(নথিপত্র)
・原審	・মূল আদালত, নিম্ন আদালতে মুকদ্দমা সোনা
・原審弁護人	・নিম্ন আদালতে বিবাদী পক্ষের উকিল
・限定責任能力	・সীমিত অপরাধের দায়বদ্ধতা
・原判決	・মূল রায়, নিম্ন আদালত দ্বারা দেওয়া রায়ে
・憲法違反	・সংবিধান লঙঘন; অসাংবিধানিক
・原本	・মূল প্রতিলিপি
・検面調書	・উকিল সাহেবের সম্মুখে এবং তাঁহার দ্বারা গৃহীত নথিকৃত (রেকর্ড করা) বিবৃতি
・権利保釈	・আজ্ঞাধীন জামিন
・牽連犯	・সম্বন্ধিত অপরাধ, সাধন-ফল সম্বন্ধ অপরাধ
・故意	・উদ্যেশ্য
・合意書面	・প্রত্যাশিত বিবৃতির জন্য সম্মতিসূচক নথিপত্র (কাগজপত্র)
・勾引状	・(উপস্থিত করার জন্য) তলব পত্র হেতু ওয়ারেন্ট
・勾引する	・নির্দিষ্ট স্থানে বিবাদীকে (সাক্ষীকে) বাধ্যতামূলক তলব
・合議体	・বহু বিচারকের প্যানেল
・公共職業安定所（職安）	・সরকারী নিযুক্তি নিরাপত্তা কার্যালয়
・抗拒不能	・(বাধাদানে) প্রতিরোধে অক্ষমতা; প্রতিরোধহীন
・後見監督人	・অভিভাবকের পর্যবেক্ষক
・後見人	・অভিভাবক
・抗告	・কোকোকু আপিল, রায় ব্যাতিরেক আদালতের অন্যান্য আদেশের বিরুদ্ধে আবেদন
・抗告裁判所	・কোকোকু আপীল আদালত

・抗告の趣旨	・আপিলের প্রধান অংশ/আপিলের মুখ্য বিন্দু
・抗告の取下げ	・আপিল তুলে নেওয়া/প্রত্যাহরন
・公使	・মন্ত্রী（দুতাবাস） লুঠ
・強取する	・চুরি, ডাকাতি
・公序良俗	・সাধারনের শৃঙ্খলবোধ এবং সুনৈতিক আচরণ
・更新する	・নবীকরণ
・更生	・অপরাধীর পুনর্বাসন
・更正決定	・সংশোধনের সিদ্ধান্ত
・構成裁判官	・নাগরিক বিচারক ইনচার্জ
・構成要件	・অপরাধের স্বরূপ
・厚生労働省	・স্বাস্থ্য শ্রম এবং কল্যাণ মন্ত্রলায়
・厚生労働大臣	・স্বাস্থ্য শ্রম এবং কল্যাণ মন্ত্রী
・控訴	・উষ্চ ন্যায়ালয়ে ‘কোসো’ আপীল; নিম্ন আদালতের রায়ের বিরুদ্ধে আপীল/পুনর্বিচারের আবেদন
・公訴	・অভিযোগ
・公訴棄却	・অভিযোগ খারিজ/বাতিল
・控訴棄却	・কোসো আপীল/আবেদন বাতিল
・公訴権濫用	・অভিযোগ দায়ের ক্ষমতার অপব্যবহার
・控訴裁判所	・কোসো আপীলের আদালত
・公訴時効	・অভিযোগ দায়েরের সময় সীমা
・公訴事実	・（অপরাধের） অভিযোগ সংক্রান্ত তথ্যাবলি
・控訴趣意書	・কোসো আপীলের কারণ সম্পর্কিত বিবৃতি; （আপীলকারীর মামলার নথিপত্র）
・控訴審	・কোসো আপীলের আদালত
・公訴提起	・মামলার সরকারী উদ্যোগ নেওয়া （শুরু করা）
・控訴提起期間	・কোসো আপীল দায়ের করার সময়-সীমা

・控訴申立書 ・কোসো আপীলের জন্য লিখিত আবেদন
・控訴理由 ・কোসো আপীলের ভিত্তি প্রমাণ
・拘置所 ・আটক-গৃহ/হাজত
・交通切符 ・যান চলাচল-নিদর্শন পত্র
・交通事件原票 ・যান চলাচল আইন লঙ্ঘন সংক্রান্ত পুলিশ রেকর্ড
・交通反則金 ・যান চলাচলের আইন ভঙ্গের জন্য জরিমানা
・口頭 ・মৌখিক উপস্থাপনা
・高等検察庁（高検） ・উচ্চ সরকারী উকিলের দফতর
・高等裁判所（高裁） ・উচ্চ ন্যায়লয়
・高等裁判所長官 ・উচ্চ ন্যায়ালয়ের প্রধান বিচারপতি
・口頭弁論 ・মৌখিক মামলা সংক্রান্ত বিতর্ক
・公判期日 ・মামলা/বিচারের তারিখ
・公判準備 ・মামলার প্রস্তুতি
・公判調書 ・মামলার বিবরণী
・公判廷 ・যে আদালতে মামলা হইবে
・公判手続 ・মামলার প্রক্রিয়া, মোকদ্দমার প্রক্রিয়া, বিচার প্রক্রিয়া
・公判前整理手続 ・বিচারন শুরু হবার পূর্ব প্রক্রিয়া
・公判前整理手続期日 ・বিচারণ শুরু হবার পূর্ব প্রক্রিয়ার তারিখ বা নির্ধারিত দিন
・公判前整理手続調書 ・বিচারণ শুরু হবার পূর্ব প্রক্রিয়ার নথি বা রেকর্ড
・交付送達 ・ব্যক্তিগত সেবা/পরিচর্য (নোটিশ ইত্যাদি দেওয়া)
・公文書 ・সরকারী দলিল-দস্তাবেজ/নথিপত্র
・公務員 ・সরকারী কর্মচারী
・拷問 ・নিপীড়ন/নির্যাতন
・公用文書 ・সরকারী কাজের জন্য কাগজ পত্র
・勾留 ・আটক/গ্রেপ্তার
・拘留 ・বিধিসম্মত আটক

- ・勾留執行停止 ・আটক-সংক্রান্ত বিচার সাময়িকভাবে স্থগিত রাখা
- ・勾留状 ・আটকের জন্য আদেশ-পত্র/আটক সংক্রান্ত কাগজ পত্র
- ・勾留理由開示 ・আটকের কারণ উন্মোচন সংক্রান্ত বিতর্ক
- ・コカイン ・মাদক দ্রব্য বিশেষ (কিকিন)
- ・呼気アルコール濃度 ・শ্বাস-প্রশ্বাসে মদ্যের ঘনত্ব পরিমাপ
- ・語気を荒げて ・রাগান্বিত স্বরে/কর্কশ কন্ঠে
- ・国外犯 ・জাপানের বাহিরে ঘটিত অপরাধ
- ・国際司法共助 ・আন্তর্জাতিক ন্যায়িক সহায়তা
- ・国籍 ・জাতীয়তা
- ・国選被害者参加弁護士 ・পীড়িতের জন্ন্য আদালতের দ্বারা নিযুক্ত এটার্নি/আইনবিদ
- ・国選弁護人 ・আদালত নিযুক্ত বিবাদী পক্ষের উকিল
- ・告訴 ・পীড়িত ব্যক্তির পক্ষ হইতে অভিযোগ/নালিশ
- ・告訴状 ・লিখিত অভিযোগ; অভিযোগ পত্র
- ・告知する ・সূচনা দেওয়া
- ・告発 ・তৃতীয় পক্ষের অভিযোগ
- ・告発状 ・লিখিত অভিযোগ
- ・戸籍抄本 ・পারিবারিক বিবরণীর আংশিক অনুলিপি
- ・戸籍謄本 ・পারিবারিক বিবরণীর প্রামানিক নকল
- ・護送 ・এসকর্ট (সহগামী রক্ষী)
- ・誤想防衛 ・ভ্রান্তিপূর্ণ আত্মারক্ষ্যা সমর্থন
- ・国家公安委員会 ・রাস্ট্রীয় জন সুরক্ষা আযোগ
- ・誤判 ・ভুল রায় বা বিচার

【さ 行】

- ・罪刑法定主義 ・অপরাধ এবং শাস্তির আইনগত বিধি নিয়ম/মামলা নিস্পত্তির নীতি
- ・裁決 ・প্রশাসনিক মীমাংসা/রায় দান
- ・最高検察庁（最高検） ・সর্বোচ্চ সরকারী উকিলের দফতর

- ・再抗告　・দ্বিতীয় কোকোকু আপীল
- ・最高裁判所（最高裁）　・সর্বোচ্চ ন্যায়ালয়
- ・最高裁判所長官　・সর্বোচ্চ ন্যায়ালয়ের প্রধান বিচারপতি
- ・最高裁判所判事　・সর্বোচ্চ ন্যায়ালয়ের বিচারপতি
- ・最終弁論　・উকিলের শেষ বিতর্ক
- ・罪証隠滅のおそれ　・প্রমাণ লোপ অথবা লুকাইয়া রাখিবার বিপদ
- ・罪状認否　・অভিযোগের তথ্য সম্পর্কে বিবাদী জওয়াব
- ・再審　・পুনর্বিচার
- ・再審開始決定　・পুনর্বিচারের সিদ্ধান্ত
- ・再審事由　・পুনর্বিচারের ভিত্তি
- ・罪数　・অভিযোগের সংখ্যা
- ・罪体　・অপরাধের মূল অংশ
- ・在庁略式手続　・বিবাদী আদালত গৃহে (সরকারী উকিলের কার্যালয়) থাকাকালীন সংক্ষিপ্ত আদালতের আদেশ-প্রক্রিয়া
- ・在廷証人　・স্বেচ্ছায় সাক্ষীর আদালতে উপস্থিতি
- ・再入国許可　・পুনঃপ্রবেশ (অন্তর্ভুক্তি) অনুমতি
- ・採尿手続　・প্রস্রাব সংগ্রহের বিধিনিয়ম
- ・再犯　・পুনরয়কৃত অপরাধ অথবা দ্বিতীয় অপরাধ
- ・裁判　・মীমাংসা করা/বিচার
- ・裁判員　・নাগরিক বিচারক
- ・裁判員候補者　・নাগরিক বিচারকের প্রার্থী
- ・裁判員等選任手続　・নাগরিক বিচারক ইত্যাদির মনোনিত করার প্রক্রিয়া পরীক্ষা
- ・再犯加重　・দ্বিতীয় অপরাধের জন্য ক্রমবর্দ্ধিত শাস্তি
- ・裁判官　・বিচারক
- ・裁判官の面前における供述　・বিচারকের সম্মুখে বিবৃতি দান
- ・裁判権　・বৈচাবিক ক্ষমতা/সীমা
- ・裁判所　・আদালত
- ・裁判所事務官　・আদালতের কর্মচারী/অফিসার

・裁判所書記官　・আদালতের করনিক/কেরানী
・裁判所速記官　・আদালতের ষ্টেনোগ্রাফার
・再反対尋問　・পুনরায় জেরাকরণ
・裁判長　・আদালতের পরিচালক বিচারক বা প্রধান বিচারক（পিঠামিন বিচারক）
・裁判を受ける権利　・（নিরপেক্ষ）বিচার লাভের অধিকার/আদালতে যাইবার অধিকার
・財物　・সম্পত্তি
・罪名　・অপরাধের নাম; অভিযোগ
・在留期間の更新許可　・আদালতের স্থগিতাদেশের সময় সীমা বৃদ্ধি
・在留資格　・আবাসিক মর্যাদা
・在留資格証明書　・আবাসিক মর্যাদা সম্পর্কিত প্রমানপত্র
・裁量保釈　・মর্জি অনুযায়ী জামিন
・錯誤　・ভুল/ভ্রান্তি
・酒酔い・酒気帯び鑑識カード　・মদ্যপ অবস্থা পরীক্ষার রেকর্ড
・差押え　・ক্রোক; আটক
・差押調書　・ক্রোক প্রক্রিয়া সংক্রান্ত রেকর্ড
・差し戻す　・বিবাদীকে হাজতে প্রেরণ
・査証（ビザ）　・বিদেশে অবস্থানের অনুমতি পত্র; ভিসা
・査証相互免除　・ভিসা হইতে অব্যাহতি/ভিসা রিহাই
・参考人　・অপরাধের সহিত জড়িত ব্যাক্তি
・資格外活動許可　・পূর্বে অর্জিত আবাসিক মর্যাদা ছাড়াও অন্যান্য কাজকর্মে লিপ্ত হইবার জন্য অনুমতি চাওয়া
・自救行為　・আত্ম-সহায়তা/নিজেকে সাহায্য করা
・死刑　・মৃত্যুদণ্ড
・事件受理　・মামলা গ্রহণ করা
・時効　・সময়-সীমা
・事後審　・পরবর্তী আইনী প্রক্রিয়া যাহার দ্বারা কোসো আপীল আদালত তথ্যের আধারে মূল রায়টি পুনরায় পরীক্ষা করিয়া দেখেন

法律用語【さ行】

・自己に不利益な供述　・কোন ব্যাক্তিস্বার্থের বিরুদ্ধে বিবৃতি
・自己負罪拒否特権　・নিজেকে দোষী সাব্যস্ত করা থেকে অব্যাহতি
・自己矛盾の供述　・স্ববিরোধী বিবৃতি দান/স্ববিরোধী উক্তি
・事実誤認　・তথ্যানুসন্ধানে ভ্রান্তি, তথ্যে ভুল
・事実審　・তথ্যানুসন্ধান প্রক্রিয়া; বিচার
・事実の錯誤　・ভুলতথ্য; ভ্রান্তিযুক্ততথ্য
・事実の取調べをする　・তথ্য পরীক্ষণ
・自首　・স্বেচ্ছাকৃত আত্মসমর্পণ
・事前準備　・অগ্রিম প্রস্তুতি/পূর্ব প্রস্তুতি
・私選弁護人　・ব্যক্তিগতভাবে নিযুক্ত বিবাদী পক্ষের উকিল
・刺創　・ছিদ্রগতক্ষত; ছুরিকাঘাতে ক্ষত
・死体検案書　・কোন ব্যক্তির মৃত্যু সম্পর্কে চিকিৎসকের অনুমোদিত রিপোর্ট
・辞退事由　・নাগরিক বিচারক এর নিযুক্তি খারিজ করার ভিত্তি
・示談書　・মীমাংসার কাগজ পত্র বা দলিল
・示談する　・মীমাংসা করিয়া দেওয়া
・次長検事　・সহকারী সাহান্যায়েবিদ
・市町村　・শহর/কসবা/গ্রাম, (পুরসভা)
・市町村長　・শহর/কসবা/গ্রামের পুরসভার মহানাগরিক (মেয়র)
・失火　・অবহেলার কারণে অগ্নিকান্ড
・実況見分調書　・তাৎক্ষণিক পরিদর্শন রিপোর্ট
・実刑　・শাস্তি-সম্পাদন স্থগিত রাখিয়া বন্দী রাখিবার নির্দেশ
・失血死　・রক্তক্ষয়ের ফলে মৃত্যু; (অতিরিক্ত রক্তক্ষয়)
・執行　・শাস্তিদান কার্যকর করা
・実行行為　・অপরাধ করা; দুষ্কর্ম করা
・執行停止　・(সাময়িকভাবে) নিস্পত্তি স্থগিত রাখা

・実行の着手	・অপরাধ করা বা অপরাধ করার জন্য উদ্যোগ নেওয়া
・執行猶予	・মৃত্যুদন্ড কার্যকর করার বিষয়টি স্থগিত রাখা
・質問票	・প্রশ্নাবলী (নাগরিক-বিচারক প্রার্থীর জন্ন্য)
・指定医療機関	・নির্ধারিত স্বাস্থসেবা প্রতিষ্ঠান
・指定侵入工具	・ঘর ভাঙ্গার এবং প্রবেশ করার জন্ন্য নির্ধারিত যন্ত্র
・指定通院医療機関	・বহিরাগত রুগীদের চিকিত্সার জন্য নির্ধারিত প্রতিষ্ঠান
・指定入院医療機関	・হাসপাতালে ভর্তি হয়ে চিকিত্সার জন্ন্য নির্ধারিত প্রতিষ্ঠান
・刺突	・ছুরিকাঘাত; (তরবারির) আঘাত
・児童買春	・বালক /বালিকা বেশ্যাবৃত্তি
・自白	・স্বীকারোক্তি
・自費出国	・স্বখরচায় দেশ ত্যাগ করিয়া যাওয়া
・事物管轄	・বিষয়বস্তুর বৈধ অধিকার (কর্তৃত্ব)
・司法警察員	・ন্যায়িক পুলিশ অফিসার
・司法警察職員	・ন্যায়িক পুলিশ কর্মচারী
・司法巡査	・বিচার-সংশ্লিষ্ঠ পুলিশ কনেষ্টবল
・死亡診断書	・মৃত্যু ন্যায়িক প্রমানপত্র
・始末書	・লিখিত ক্ষমা প্রার্থনা/মার্জনা ভিক্ষা
・氏名照会回答書	・সনাক্তকরণ তদন্তের জবাব
・指紋照会回答書	・অঙ্গুলির ছাপ সংক্রান্ত তদন্তের জবাব
・社会通念	・অভিন্ন (সাধারণ)সামাজিক মান-মর্যাদা
・社会的相当行為	・সামাজিক ভাবে ন্যায়ে সম্মত কার্য
・社会に復帰することを促進する	・সামাজিক পুনর্বাসন প্রবর্ধন
・社会復帰調整官	・সামাজিক পুনর্বাসন কো-অর্ডিনেটর (সম্বান্ধযে সাধন)
・釈放	・আটক অবস্থা হইতে মুক্তিলাভ

・釈明	・ব্যাখা করা
・酌量減軽	・অপরাধ স্খালন/উপশম সম্পর্কে বিবেচনা করা
・写真撮影報告書	・ফটোগ্রাফ সহ (যুক্ত) তদন্ত রিপোর্ট
・遮へい	・রক্ষা
・重過失	・চরম অবহেলা
・収容	・দান্দাত্মক সংশোধনাগারে রাখা
・住居	・বাসগৃহের ঠিকানা
・就職禁止事由	・নাগরিক বিচারক হবার অযোগ্যতার ভিত্তি
・囚人	・বন্দী/কয়েদি
・自由心証主義	・প্রমাণাদির সম্ভাব্য সত্যতা সম্বন্ধে বিচারপতিগণের স্বাধীন বিচার-বিবেচনা সংক্রান্ত নীতি
・周旋する	・মধ্যস্থতা বা সালিশি করা
・重大な事実の誤認	・তথ্যানুসন্ধানের ক্ষেত্রে মারাত্মক ভুল
・（重大な）他害行為	・অন্যের পক্ষে (ভীষনভাবে) ক্ষতিকারক কাজ
・自由な証明	・প্রমান প্রতিষ্ঠার ক্ষেত্রে স্বাধীন প্রক্রিয়া
・従犯	・অপরাধে সহায়তা
・主観的違法要素	・বেআইনী কাজে বিষয়ীভুত/আত্মগত উপাদান
・酒気帯び	・কোনো ব্যক্তির শরীরে এলকোহল/মদ্যের উপস্থিতি মদমত্ত, মাতাল
・主刑	・চরম শাস্তি/মূল শাস্তি
・受刑者	・সাজাপ্রাপ্ত কয়েদি/দণ্ডভোগী কয়েদী
・主尋問	・প্রতক্ষ পরীক্ষ্যা; প্রধান/মুখ্য পরীক্ষ্যা আধিকারিক
・受訴裁判所	・মামলা দায়েরর আদালত
・受託裁判官	・তন্বী বিচারক
・出国命令	・দেশ ত্যাগের নির্দেশ
・出頭	・উপস্থিতি
・出頭命令	・উপস্থিতির/উপস্থিত থাকার আদেশ

・出入国記録 ・অভিবাসন সংক্রান্ত কাগজপত্র
・主任弁護人 ・বিবাদী পক্ষের মুখ্য আইনজীবি/উকিল
・主犯 ・প্রধান, মুল, প্রমুখ, অপরাধ
・主文（判決主文） ・রায়ের প্রধান অংশ, প্রধান বিষয় বস্তু
・受命裁判官 ・বিশেষ দায়িত্বে নিযুক্ত বিচারক
・主要事実 ・তথ্য কাজে লাগানো
・準起訴手続 ・আংশিক মোকদ্দমা প্রক্রিয়া (আদালত অভিযোক্তার ও ভুমিকা সম্পর্কে ধারণা করেন এবং মামলা দায়ের করার বিষয়টি নিয়ে সিদ্ধান্ত নেন)
・準抗告 ・আংশিক কোকুকু আপীল(অর্থাৎ একটি তিন-বিচারক বিশিষ্ট প্যানেল এর নিকট একজনমাত্র বিচারকের সিদ্ধান্ত সম্পর্কে একই আদালতে আপীল)
・巡査 ・পুলিশ আরক্ষ কনস্টেবল
・巡査長 ・প্রবীন পুলিশ কনস্টেবল
・巡査部長 ・পুলিশ সার্জেন্ট
・遵守事項 ・শর্ত বা নির্দেশ মান্য করা
・照会 ・তদন্ত/অনুসন্ধান
・傷害 ・শারীরিক আঘাত
・召喚 ・সমন, তলব করা, ডাকিয়া পাঠান
・召喚状 ・আদালত কর্তৃক সমনজারি
・召喚する ・তলব করা
・情況（状況）証拠 ・পারিপার্শ্বিক সাক্ষ্য প্রমান
・証言 ・সাক্ষ্য(প্রামানিক)
・証拠 ・সাক্ষ্য প্রমাণ
・証拠開示 ・সাক্ষ্য-প্রমান প্রকাশ করা
・上告 ・জোকুকুআপীল (সর্ব্বোচ্চ ন্যায়ালয়ে আপীল)
・上告趣意書 ・জোকুকু আপীলের জন্য কারণ সম্বন্ধীয় বিবৃতি আপিলকারীর আর্জি
・上告審 ・সর্ব্বোচ্চ ন্যায়ালয়ে বিচার প্রক্রিয়া

・上告理由 ・সর্বোচ্চ ন্যায়ালয়ে আপীলের জন্য ভিত্তি প্রমাণ
・証拠決定 ・প্রমাণ উপস্থাপনার জন্য রায় বা অনুমতি
・証拠書類 ・দলিল (কাগজপত্র) প্রমাণ
・証拠調べ ・প্রমাণের পরীক্ষা
・証拠資料 ・সাক্ষ্যপ্রমাণ সংশ্লিষ্ট বস্তু
・証拠説明 ・সাক্ষ্য প্রমাণের বর্ণনা/বিবরণ
・証拠等関係カード ・প্রমাণ সংক্রান্ত কাগজপত্র বা কার্ড
・証拠能力 ・সাক্ষ্যপ্রমানের গ্রহণযোগ্যতা
・証拠の提示 ・সাক্ষ্য প্রমান উপস্থাপন করা
・証拠の標目 ・সাক্ষ্যপ্রমাণের তালিকা
・証拠排除 ・প্রমাণ গোপন করা বা বাদ দেওয়া
・証拠物 ・বস্তুমূলক প্রমাণে প্রদর্শ বস্তু
・証拠方法 ・প্রমাণ হিসাবে উপস্থাপিত করা যায় এরূপ বস্তু ইত্যাদি
・証拠保全 ・প্রমাণ বা সাক্ষ্যবস্তুর সংরক্ষন
・常習性 ・অপরাধ প্রবনতা; অপরাধপ্রবল মানসিকতা
・常習犯 ・অপরাধপ্রবণ; চরিত্রগত অপরাধী
・情状 ・অপরাধের পারিপার্শ্বিক পরিস্থিতি/অবস্থা
・情状酌量 ・অপরাধ লঘু করিয়া দেখিবার জন্য পরিস্থিতি বিবেচন
・上申書 ・লিখিত বিবৃতি
・上訴 ・আপীল আবেদন
・上訴権者 ・কোন ব্যক্তির আপীল করিবার অধিকার
・上訴裁判所 ・পুনর্বিচারের মামলা শুনিবার ক্ষমতা সম্পন্ন আদালত
・上訴趣意書 ・আপীলের কারন সংক্রান্ত বিবৃতি, আপীলকারীর জন্য মামলার সংক্ষিপ্ত বিবরণ
・上訴提起期間 ・আপীল আবেদনের সময় সীমা

- 上訴の取下げ ・আপীল প্রত্যাহার
- 上訴の放棄 ・আপীল সমর্পণ（পরিহার）
- 焼損する ・আগুন লাগিয়ে দেওয়া（এবং ক্ষতিসাধন করা）
- 証人 ・সাক্ষী
- 証人尋問 ・সাক্ষী কে জেরা
- 証人尋問調書 ・সাক্ষী কে জেরা সংক্রান্ত কাগজপত্র
- 少年 ・কিশোর/তরুণ（অপরাধী）
- 少年院 ・কিশোর অপরাধীগণের প্রশিক্ষন বিদ্যালয়/সংশোধনাগার
- 少年刑務所 ・কিশোর অপরাধীগণের জেলখানা
- 条文 ・（আইনী）অনুচ্ছেদ（দফা）, দফা ধারা
- 小法廷 ・সর্বচ্চো ন্যায়লয়ের সীমিত বিচারক গোষ্ঠী
- 抄本 ・সারাংশ; আংশিক অনুলিপি
- 証明予定事実 ・প্রমান করতে হবে এমন তথ্য
- 証明力 ・ইচ্ছাপত্র প্রমানের ক্ষমতা
- 条約 ・সন্ধিপত্র চুক্তি
- 上陸拒否事由 ・অবতরণের（উড়োজাহাজ）অনুমতি অস্বীকার করার কারণ
- 条例 ・（পৌর）আইন, উপবিধি
- 処遇事件 ・প্রক্রিয়াগত মামলা
- 嘱託する ・কর্মভার（ক্ষমতা）অর্পণ
- 職務質問 ・পুলিশী সওয়াল
- 職務従事予定期間 ・নাগরিক বিচারক হিসাবে কার্য করার নির্ধারিত সময়
- 所持品検査 ・ব্যাক্তিগত সম্পত্তির পুলিশি তদন্ত
- 書証 ・দস্তাবেজমূলক সাক্ষ্যপ্রমান
- 除斥 ・বিচারককে মামলার দায়িত্ব হইতে বিধিবদ্ধভাবে অব্যাহতি দেওয়া, অযোগাতার কারণ

・処断する	・শাস্তিদান সিধান্ত নেওয়া; শাসনকার্য (রাই) মীমাংসা
・職権	・সরকারী ক্ষমতা
・職権証拠調べ	・পদাধিকার বলে সাক্ষ্যপ্রমান পরীক্ষা
・職権調査	・পদাধিকার বলে তদন্ত
・職権保釈	・পদাধিকার বলে জামিনে মুক্তি; প্রস্তাবক্রমে জামিন-মুক্ত
・職権濫用	・সরকারী ক্ষমতার অপব্যাহার
・処罰条件	・শাস্তিদানের অনুকুল অবস্থা
・初犯	・প্রথম অপরাধ
・署名	・সইসাক্ষর
・資力申告書	・আর্থিক বিবরনের রিপোর্ট
・信義則	・বিশ্বস্তত এবং আনুগত্যের নীতি
・人権擁護局	・মানবিক অধিকার সংরক্ষন পরিদফতর
・親告罪	・যে অপরাধগুলির উপর নির্ভর করিয়া বাদীপক্ষ পীড়িত ব্যক্তির পক্ষ হইতে নালিশ রুজু/দায়ের করে
・審査補助員	・অভিযোজন অনুসন্ধান সমিতির সহায়ক
・心証	・মূল্যায়ন; দোষপ্রমান দোষী সাব্যস্ত করা
・身上照会回答書	・পরিবারের/ব্যক্তিগত পটভুমিকায় তদন্তের জওয়াব
・心神耗弱	・দুর্বল মানসিকতা; আংশিক মস্তিস্ক বিকৃতি
・心神喪失	・মস্তিস্ক বিকৃতি বাতুলতা
・審尋	・শুনানি ,প্রশ্না উত্তর পর্ব
・人身取引	・বেআইনি ভাবে মানুষ কেনা-বেচা
・真正な	・প্রামাণিক, প্রকৃত, যথার্থ
・親族相盗	・আত্মীয়দের নিকট চুরি করা
・身体検査	・শারীরিক তল্লাশি এবং পরীক্ষা
・身体検査令状	・শারীরিক তল্লাশি এবং পরীক্ষার জন্য পরোয়ানা
・診断書	・মেডিকেল রিপোর্ট; চিকিৎসকের প্রমান পত্র

- ・人定質問 ・বিবাদীকে সনাক্তকরণের জন্য সওয়াল
- ・シンナー ・রং পাতলা করিবার তরল পদার্থ
- ・審判 ・শুনানি, বিচারন
- ・審判期日 ・শুনানির দিন /বিচরণের তিথি
- ・審判調書 ・শুনানি সংক্রান্ত রেকর্ড
- ・尋問事項 ・সওয়ালের জন্য দ্রব্যের পরীক্ষা
- ・尋問する ・পরীক্ষণ
- ・信用性 ・বিশ্বাসযোগ্যতা
- ・信頼の原則 ・যুক্তিসঙ্গত আচরনের উপর নির্ভর করিবার নিয়ম
- ・審理不尽 ・অকালিক বা অপরিনত সিধান্ত, পরীক্ষা না হওয়া বিষয়বস্তুগুলি ছড়িয়া দেওয়া
- ・推定する ・অনুমান করা
- ・性格異常 ・চারিত্রিক বিশৃঙ্খলা
- ・生活環境 ・জীবন ধারণের পরিবেশ এবং সামাজিক অবস্থা
- ・税関 ・সীমা শুল্ক দফতর/ভবন
- ・請求による裁判員等の解任 ・আবেদন দ্বারা নাগরিক বিচারকের অপসারণ
- ・正式裁判 ・আনুষ্ঠানিক বিচার
- ・正式裁判請求 ・অনুর্স্ঠাণিক বিচারের জন্য অনুরোধ
- ・精神鑑定 ・মানসিক অবস্থার মূল্যায়ন; মানসিক অবস্থা সম্পর্কে বিশেষজ্ঞের পরীক্ষা
- ・精神障害者 ・মানসিকভাবে বিশৃঙ্খল
- ・精神障害を改善する ・মানসিক অসুস্থায়ে নিরাময় করা
- ・精神病 ・মানসিক রোগ
- ・精神病質 ・চিত্তবিকৃত ব্যক্তিত্ব
- ・精神保健観察 ・মানসিক স্বাস্থ্য পর্যবেক্ষণ
- ・精神保健参与員 ・মানসিক স্বাস্থ্য সংক্রান্ত পরামর্শদাতা
- ・精神保健指定医 ・নির্ধারিত মানসিক স্বাস্থ্য চিকিত্সক
- ・精神保健審判員 ・মানসিক স্বাস্থ্য নিবারণের জন্য নিযুক্ত চিকিত্সক

・精神保健判定医　・মনোরোগ সঠিক নির্ধারণের জন্য সক্ষম চিকিত্‌সক
・精神保健福祉士　・মানসিক স্বাস্থ্য সমাজ সেবক
・正当業務行為　・যুক্তিসঙ্গত কর্মের পরিপ্রেক্ষিতে কোন কাজ সম্পাদন
・正当防衛　・আত্মরক্ষা
・正犯　・প্রধান অপরাধ
・正本　・প্রামাণিক প্রতিলিপি, মূলপ্রতিলিপি
・声紋　・(স্বরমুদ্রন) স্বতরঙ্গের দৃশ্যমান রেখাচিত্র
・政令　・মন্ত্রিসভার জরুরী আইন
・責任　・দায়, দায়িত্ব, শাস্তিযোগ্যতা
・責任軽減事由　・দায়বদ্ধতা হ্রাস করিবার ভিত্তি
・責任阻却事由　・দায়বদ্ধতা অস্বীকারের ভিত্তি, ক্ষমা/(ক্ষমার ভিত্তি)
・責任能力　・অপরাধমূলক দায়বদ্ধতা বহন করিবার ক্ষমতা; অপরাধের দায় লওয়ার ক্ষমতা
・責任無能力者　・যে ব্যক্তি অপরাধের দায়বদ্ধতা বহনে অক্ষম
・責任要素　・দায়বদ্ধতাবহন ক্ষমতার উপাদান
・責問権の放棄　・প্রক্রিয়াগত ভ্রান্তির অভিযোগ করিবার অধিকার পরিত্যাগ
・是正命令　・সংশোধনের আদেশ
・接見　・বহিঃসম্পর্ক এবং যোগাযোগ ব্যবস্থা
・接見禁止　・বহিঃসম্পর্ক এবং যোগাযোগ স্থাপনের বিষয়ে আটক ব্যক্তি অথবা বন্দীর উপর নিষেধাজ্ঞা
・接見交通　・আটকব্যক্তি অথবা বন্দির বাহিরের কোন ব্যক্তির সহিত যোগাযোগ অথবা বাহিরের সহিত কোন বস্তুর আদান-প্রদান
・窃取　・চুরী
・絶対的控訴理由　・আপীলের সম্পুর্ন/প্রকৃত ভিত্তি

・是非弁別 ・সত্য এবং মিথ্যার মধ্যে পার্থ্যক্য; মিথ্যার পরিবর্তে সত্য কথন
・前科 ・অপরাধে রেকর্ড; পূর্বতন অপরাধের অভিযুক্ত
・前科調書 ・অপরাধমূলক রেকর্ডের বিবরনী
・宣告する ・ঘোষণা করা
・宣誓 ・শপথ; অঙ্গীকার
・専属管轄 ・একচেটিয়া বৈধকর্তৃত্ব
・選任決定 ・নাগরিক বিচারের নিযুক্তির আদেশ
・選任予定裁判員 ・নাগরিক বিচারের আগাম নিযুক্তি
・訴因 ・অভিযোগ সমূহ
・訴因変更 ・অভিযোগের সংশোধন
・訴因を明示する ・অভিযোগ সমুহর সুস্পষ্ট বর্ণন
・捜査 ・তদন্ত অনুসন্ধান
・捜査機関 ・তদন্তকারী সংস্থা
・捜査記録 ・তদন্তের রেকর্ড
・捜索 ・তল্লাশি, অনুসন্ধান
・捜索差押許可状 ・তল্লাশি এবং বাজেয়াপ্ত করণের পরোয়ানা
・捜索差押調書 ・তল্লাশি এবং অনুসন্ধানের রেকর্ড
・捜索状 ・তল্লাশির জন্য পরোয়ানা
・捜索調書 ・তল্লাশি প্রক্রিয়ার রেকর্ড
・捜査照会回答書 ・তদন্তমূলক অনুসন্ধানের জওয়াব
・捜査状況報告書 ・তদন্তমূলক বিবরনী
・送達する ・জারিকরা; বিলি করা
・送致する ・পাঠানো(সন্দেহভাজন ব্যক্তিকে)
・相当因果関係 ・যুক্তিসঙ্গত (উপযুক্ত) কার্যকারন সম্বন্ধ
・相当な理由 ・যুক্তিসঙ্গত ভিত্তি
・遡及処罰の禁止 ・পুর্বকৃত শাস্তির নিষিদ্ধকরণ
・即時抗告 ・তাৎক্ষণিক কোকুকু আপীল
・訴訟記録 ・আইনী প্রক্রিয়ার রেকর্ড/লেখ্য
・訴訟係属 ・মামলার অনিশ্চয়তা
・訴訟行為 ・কার্যপ্রণালীঘটিত আইন

- 訴訟指揮 ・বিচারের তত্ত্বাবধান করা
- 訴訟条件 ・মোকদ্দমার শর্ত
- 訴訟手続 ・আইনী প্রক্রিয়া/পদ্ধতি
- 訴訟手続の法令違反 ・বিচার প্রক্রিয়ায় আইন এবং বিশেষ আইনের উল্লংঘন
- 訴訟能力 ・মামলা সহন করার ক্ষমটা/কাবিলতি
- 訴訟費用 ・মামলার খরচ-খরচা
- 速記 ・সাংকেতিক লিখন চিহ্ন/ষ্টেনোগ্রাফি
- 即決裁判手続 ・শীঘ্র বিচারন প্রক্রিয়া
- 疎明 ・অপাতপ্রমাণ
- 疎明資料 ・অপাতপ্রমানের উপযুক্ত উপাদান
- 損害賠償命令 ・ক্ষতিপূরণের আদেশ

【た　行】

- 第一審 ・প্রাথমিক/নিম্ন আদালতের বিচার
- 退院 ・হাসপাতালের থেকে ছুটি হওয়া
- 退去強制令書 ・বাধ্যতামূলক বহিস্কার আদেশ
- 大使 ・রাষ্ট্রদূত
- 大使館 ・দুতাবাস
- 対質 ・দুই সাক্ষীর সামনা-সামনি জিজ্ঞাসাবাদ করা
- 大赦 ・সার্ব্বজনীন মার্জনা
- 対象行為 ・বিহিত কর্ম
- 対象事件 ・বিহিত মামলা
- 対象者 ・বিহিত ব্যক্তি
- 退廷しなさい ・"আদালত কক্ষ ত্যাগ করুন"
- 退廷命令 ・আদালত কক্ষ ত্যাগ করিবার আদেশ
- 逮捕 ・গ্রেপ্তার
- 大法廷 ・সর্ব্বোচ্চ ন্যায়ালয়ের প্রধান বিচারপীঠ
- 逮捕状 ・গ্রেপ্তারী পরোয়ানা
- 大麻 ・গাঁজা;মাদকদ্রব্য বিশেষ
- 大麻樹脂 ・গাঁজার আঠা; ভাং

・大麻草	・গাঁজা;শনজাতীয় উদ্ভিদের ফুল, বীজ ও আঠা হইতে প্রস্তুত মাদক বিশেষ
・代用監獄	・কয়েদখানার পরিবর্তে থানার হাজত্ঘর;কয়েদখানার পরিবর্ত-আটকঘর
・代理権	・প্রতিনিধিত্ব করিবার অধিকার
・立会い	・বিচার প্রক্রিয়ার উপস্থিতি
・弾劾証拠	・অভিযোগ করিবার উদ্দেশ্যে প্রমাণ (সংগ্রহ)
・嘆願書	・সানুনয় প্রার্থনা(আদালতকে বলিবার জন্য)
・単独犯	・সহযোগী ছাড়াই অপরাধী যেখানে অপরাধ করে
・知的障害	・মানসিক বিকাশের অভাব
・地方検察庁（地検）	・জিলা সরকারী উকিলগণের কার্যালয়
・地方検察庁支部	・জিলা সরকারী উকিলগণের শাখা কার্যালয়
・地方公共団体	・স্থানীয় জন সংস্থা ,স্থানীয় সরকার
・地方裁判所（地裁）	・জিলা আদালত
・地方裁判所支部	・জিলা আদালতের শাখা দফতর
・地方法務局	・জিলা আইন বিষয়ক দফতর
・注意義務	・দেখাশোনা করার দায়িত্ব
・中央更生保護審査会	・রাষ্ট্রীয় অপরাধী পুনর্বাসন আযোগ
・中止犯	・অপরাধী,যে অপরাধের পূর্বেই ফৌজদারী প্রক্রিয়া স্থগিত রাখে
・中止未遂	・যেখানে অপরাধী স্বেচ্ছাক্রমে তাঁহার (স্ত্রী/পুরুষ)ফৌজদারী ক্রিয়া স্থগিত রাখিবার উদ্যোগ লইয়াছেন
・懲役	・সশ্রম কারাদণ্ড
・長期３年以上	・সর্বাধিক তিন অথবা ততোধিক বৎসর সময় সীমা
・調書	・বিচারের লেখ্য;লিখিত বিবৃতি

・調書判決	・বিচারের রেকর্ডের সহিত একত্রিত লিখিত বিচারের ফলাফল (রায়)
・直接証拠	・প্রত্যক্ষ সাক্ষ-প্রমান
・陳述する	・বিবৃতি দান
・追完する	・পরিপূরক; ভুল সংশোধনের জন্য পরবর্তীকালে সম্পূর্ণ করা
・追起訴	・পরবর্তী অভিযোগ; অতিরিক্ত অভিযোগ
・追徴	・অধিকার হারানোর সম্ভাবনা আছে এরূপ বস্তুর সমান মূল্য সংগ্রহ, সমপরিমাণ মূল্য সংগ্রহ
・追徴保全	・অতিরিক্ত সংগ্রহের সুনিশ্চিত করা
・通院期間の延長	・বাহিরাগত রুগী ভর্তির মেয়াদ বৃদ্ধি
・通常逮捕	・সাধারণ গ্রেফতারী পরোয়ানা অনুযায়ী গ্রেপ্তার
・通達	・ইসতেহার (নোটিশ)
・通訳	・দোভাষী
・付添い	・হাজিরা, পরিচর্যা
・付添人	・পরিচারক
・つきまとい	・কোনো একজনের পশ্চাদানুসরন, ব্যক্তি বিশেষকে পারিবেস্থিত করে রাখা
・罪となるべき事実	・অপরাধসংঘটিত করিবার তথ্যসমূহ
・罪を犯したことを疑うに足りる充分な理由	・অপরাধ সংঘটিত হওয়ার বিষয়ে সন্ধেহ করার পক্ষে যথেষ্ট কারণ
・罪を行い終わってから間がない	・অপরাধ সম্পূর্ন হওয়ার অব্যবহিত পরে
・連戻状	・(পলায়িত কিশোর অপরাধী) কে জেলে ফিরিয়ে আনার ওয়ারেন্ট
・連れ戻す	・(পলায়িত কিশোর অপরাধী) কে জেলে ফিরিয়ে আনা
・ＤＮＡ鑑定	・রক্তের শ্রেণী পরীক্ষা, DNA টেস্ট
・提出命令	・উপস্থিত করিবার আদেশ
・廷吏	・জমিদারের নায়েব; শেরিফের সহকারী
・撤回	・কর্মসম্পাদন প্রত্যাহার; রদ, বাতিল
・電子計算機	・গণকযন্ত্র, কম্পিউটার

- ・電磁的記録 ・তড়িৎ চৌম্বকীয় রেকর্ডিং ব্যবস্থা (টেপ, কমপিউটর ডিস্ক ইত্যাদি)
- ・伝聞供述 ・শুনিয়া বিবৃতি দান; অপরের মাধ্যমে প্রাপ্ত বিবরণের উপস্থাপনা
- ・伝聞証拠 ・শুনিয়া সাক্ষ্যদান
- ・伝聞法則 ・শুনিয়া সাক্ষ্যদানের নিয়ম
- ・電話聴取書 ・টেলিফোনে বার্তালাপের বিবরণ
- ・同意 ・সম্মতি দেওয়া
- ・道義的責任 ・ন্যায়পরায়ণতাভিত্তিক দায়িত্ব
- ・統合失調症 ・স্কিজফ্রিনিয়া (মানসিক অবসাদ জনিত রোগ)
- ・同行状 ・কিশোরের উপর সপীনা
- ・同行する ・সঙ্গী
- ・当事者 ・সংশ্লিষ্ট ঘটনার সহিত জড়িত ব্যাক্তিগোষ্ঠী
- ・謄写する ・অনুলিপি করা
- ・盗聴 ・আড়ি পাতিয়া অন্যের কথা শোনা, টেলিফোনে আড়িপাতা, ইলেকট্রিক যন্ত্রের সাহায্যে সতর্ক দৃষ্টি রাখা
- ・答弁書 ・লিখিত জওযাব; জওযাব সংক্রান্ত বিবৃতি
- ・謄本 ・প্রত্যয়িত নকল/প্রতিলিপি
- ・特殊開錠用具 ・তালা ভাঙ্গার বিশেষ যন্ত্র
- ・特定侵入行為 ・বসতবাড়ী ভেঙ্গে ঢোকার বিশেষ কার্য
- ・特に信用すべき情況（特信情況） ・বিশেষ বিশ্বাসযোগ্য পরিস্থিতি; বিশ্বাসযোগ্যতা অনুমোদন সূচক অবস্থা
- ・特別抗告 ・বিশেষ কোকুকু আপীল
- ・特別弁護人 ・বিবাদী পক্ষ্যের বিশেষ উকিল
- ・土地管轄 ・এলাকাগত আইনী অধিকারের সীমা
- ・都道府県公安委員会 ・জেলা জন সুরক্ষা অযোগ
- ・取り消す ・বাতিল করা; রদ করা
- ・取り下げる ・প্রত্যাহার করা
- ・取り調べる ・জেরা করা; পরীক্ষ্যা করিয়া দেখা

・トルエン ・রাসায়নিক যৌগপদার্থ (টলুইন; মেথাইলবেনজিন)

【な　行】

・内閣府 ・মন্ত্রিসভার কার্যালয়
・捺印 ・কোন ব্যক্তির মোহর-ছাপ লাগানো
・二重の危険 ・বিপদের দ্বিগুন ঝুঁকি
・日本司法支援センター（法テラス） ・জাপান বৈদ্বানিক সহায়তা সেন্টার
・入院 ・হাসপাতালে ভর্তি হওয়া
・入院継続の確認 ・হাসপাতালে ভর্তি থাকার পুস্টি
・入院によらない医療 ・হাসপাতালে ভর্তি না থাকা অবস্থায় গৃহিত স্বাস্থ্য সেবা
・入院を継続する ・হাসপাতালে ভর্তি থাকা
・入国 ・অভিবাসন; অনুপ্রবেশ
・入国管理局 ・(আঞ্চলিক) অভিবাসন দফতর
・入国管理局出張所 ・আঞ্চলিক অভিবাসন দফতরের শাখা কার্যালয়
・入国管理センター ・অভিবাসন কেন্দ্র
・入国者収容所 ・অভিবাসন সংক্রান্ত আটক-কেন্দ্র
・入国審査官 ・অভিবাসন অফিসার
・入国手続 ・প্রবেশ প্রক্রিয়া
・任意性 ・স্বতঃপ্রবৃত্ত ভাবনা
・任意捜査 ・স্বতঃপ্রবৃত্ত(স্বেচ্ছায়)তদন্ত
・任意提出書 ・সাক্ষ্য-প্রমাণ স্বেচ্ছায় উপস্থাপিত করিবার ফরম
・任意的弁護事件 ・মামলার শুনানির যে সময় বিবাদী পক্ষের আইনজের উপস্থিতি অপ্রযোজন
・任意同行 ・স্বেচ্ছায় সঙ্গ দেওয়া
・脳挫傷 ・মস্তিস্কে ক্ষতিসাধন; মস্তিস্কে আঘাত

【は　行】

・売春 ・বেশ্যাবৃত্তি

- 売春周旋 ・বেশ্যা-সংগ্রহ; দলিল করা
- 陪席裁判官 ・সহযোগী বিচারক
- 破棄移送 ・বাতিল এবং অন্য আদালতে মামলা লইয়া যাওয়া
- 破棄差戻し ・রায় পাল্টানো এবং কয়েদখানায় পুনরায় পাঠানো;বাতিল এবং ফেরৎ পাঠানো
- 破棄自判 ・পাল্টানো এবং নিজস্ব রায়; মামলার রায় বাতিল করন
- 破棄する ・পাল্টানো/বাতিল; চুক্তি বাতিল
- 破棄判決 ・মূল রায় পাল্টানোর রায়
- 罰金 ・জরিমানা
- ハッシシ（ハッシシュ） ・গাঁজা জাতীয় মাদক দ্রব্য বিশেষ (হাসিস)
- 罰条 ・শাস্তি ব্যাখ্যার উদ্দেশ্যে বর্ণিত আইনের ধারা (সমূহ)
- 犯意 ・অপরাধ করিবার মনোভাব
- 判決 ・বিচার,শাস্তিদান, সিদ্ধান্ত গ্রহণ
- 判決書 ・লিখিত রায়
- 判決に影響を及ぼすことが明らか ・সুস্পষ্টভাবে প্রভাবিত রায়
- 判決の宣告 ・রায় ঘোষনা
- 判決理由 ・রায়দানের ভিত্তি
- 犯行 ・অপরাধ সম্পাদন
- 犯罪 ・অপরাধ
- 犯罪行為を組成した物（犯罪組成物件） ・একটি বস্তু যাহা অপরাধ কর্মের উপাদান হিসাবে যুক্ত
- 犯罪事実 ・অপরাধের তথ্যসমূহ
- 犯罪収益 ・অপরাধের দ্বারা হাসিল লাভ
- 判事 ・বিচারক
- 判示する ・রায়ে (বিচারে) দৃষ্টি আকর্ষন করা
- 判事補 ・সহায়ক/সহকারী বিচারক
- 反証 ・যুক্তি-প্রমাণের দ্বারা খন্ডনীয়

・犯情　・অপরাধের পারিপার্শ্বিক পরিস্থিতি
・反則金　・যানচলাচল আইনভঙ্গ জনিত জরিমানা
・反対尋問　・পাল্টা জেরা
・判例　・বিচার-সংশ্লিষ্ট পূর্ব দৃষ্টান্ত
・判例違反　・বিচার-সংশ্লিষ্ট পূর্বদৃষ্টান্তের উল্লঙঘন
・判例変更　・বিচার-সংশ্লিষ্ট পূর্ব দৃষ্টান্তের সংশোধন
・犯歴　・অপরাধের এবং গ্রেপ্তারের পূর্ব রেকর্ড
・被害者　・পীড়িত; পীড়িত ব্যক্তি; আহত ব্যক্তি
・被害者還付　・পীড়িত ব্যক্তিকে সুস্থ করিয়া তোলা
・被害者参加人　・(মামলায়) অংশগ্রহনকারী পীড়িত
・被害者参加弁護士　・(মামলায়) অংশগ্রহনকারী পীড়িতের উকিল
・被害者特定事項　・পীড়িতের পরিচয় সম্বন্ধে সূচনা
・被害届　・ঘটনার বিবরণ; ক্ষতিগ্রস্থ ব্যক্তির রিপোর্ট
・被疑者　・সন্দেহভাজন ব্যক্তি
・非供述証拠　・অপ্রত্যায়িত সাক্ষপ্রমন
・非行　・কিশোর অপরাধী, ভুল
・被告事件　・অপরাধ মূলক মামলা/ফৌজদারী মামলা
・被告人　・(ফৌজদারী মামলার) বিবাদী, অভিযুক্ত
・被告人の退廷　・বিবাদীর আদালত কক্ষ ত্যাগ
・被収容者　・নিবাসী,কয়েদী
・非常上告　・অসাধারণ 'Jokoku' আপীল
・左陪席裁判官　・বামপার্শ্বে উপবিষ্ট সহযোগী বিচারক
・ピッキング用具　・তালা খোলার যন্ত্র
・筆跡　・হস্তলিপি/লিখন
・必要的弁護事件　・বিচার চলাকালীন বিবাদী পক্ষের উকিলের উপস্থিতি প্রয়োজন, এরূপ অপরাধ
・必要的保釈　・আজ্ঞাধীন জামিন (বাধ্যতামূলক)
・ビデオリンク　・ভিডিও সংযোগ ব্যবস্থা
・秘匿決定　・গোপন রাখার নির্ণয়

- ・否認 ・অস্বীকার করা
- ・評議 ・বিচার বিমর্ষ
- ・評決 ・সিদ্ধান্ত
- ・被略取者 ・অপহৃত ব্যক্তি
- ・不意打ち ・বিস্মিত হওয়া
- ・附加［付加］刑 ・অতিরিক্ত শাস্তিদান
- ・不可抗力 ・অপ্রতিরোধ্য ক্ষমতা
- ・不可罰的事後行為 ・প্রথম অপরাধের পর করা কার্য যাহা আইনত শাস্তিযোগ্য নহে, (যেমন চুরির ঘটনা ঘটার পর চুরির মাল নষ্ট করিয়া ফেলা)
- ・不起訴処分 ・অভিযোগ/মামলা না করিবার সিদ্ধান্ত
- ・副検事 ・সহায়ক/সহকারী উকিল
- ・不告不理の原則 ・অভিযোগ ছাড়াই বিচার-নিস্পত্তি না করিবার নীতি
- ・不作為犯 ・ভুল ভ্রান্ত্রী থেকে হওয়া অপরাধ
- ・婦人補導院 ・মহিলাগণের মার্গদর্শন গ্রহ
- ・不選任の決定 ・নাগরিক বিচারক প্রার্থীকে নাগরিক বিচারক হিসাবে নিয়োগ না করার নির্ণয়
- ・物的証拠 ・বস্তুমূলক সাক্ষ্যপ্রমাণ; প্রকৃত সাক্ষ্যপ্রমান
- ・不定期刑 ・অনির্ধারিত শাস্তি/দণ্ড
- ・不適格事由 ・নাগরিক বিচারক হিসাবে অযোগ্যতার ভিত্তি
- ・不同意 ・সম্মতি না হওয়া
- ・不当逮捕 ・অনিচিত গ্রেপ্তারি, বিদ্বেষ প্রসূত গ্রেপ্তারী
- ・不能犯 ・কোনো অপরাধ করিবার জন্য অসম্ভব প্রয়াশ
- ・不服申立て ・আপত্তি ফাইল করিবার জন্য আবেদন
- ・部分判決 ・অংশিক রায়/অংশিক সিদ্ধান্ত
- ・不法在留 ・বেয়াইনিভাবে প্রবাসে থাকা
- ・不法残留 ・বেআইনী অবস্থান, অতিরিক্ত সময় অবস্থান

・不法入国	・অবৈধ প্রবেশ
・不法領得の意思	・অন্নৈতিক প্রাপ্যের ইচ্ছা
・不利益な事実の承認	・কোনো ব্যক্তি (পুরুষ/স্ত্রী) র স্বার্থের বিরুদ্ধে তথ্যের স্বীকৃতি
・不利益変更の禁止	・বিবাদীর ক্ষতি সাধনের জন্যে রায়-এর পরিবর্তনে নিষেধাজ্ঞা
・併科する	・একই সাথে পরপর দণ্ড দান কার্যকর করা
・併合決定	・সংজোযনের রায়/বিচার
・併合罪	・পৃথক পৃথক অপরাধের সংযুক্তকরণ
・併合する	・যুক্ত করা
・別件逮捕	・অন্য অপরাধের স্বীকারোক্তি আদায়ের উদ্দেশ্যে ভিন্ন লঘুতর অপরাধের জন্য গ্রেপ্তারী
・別の合議体による裁判所	・অন্য তালিকাভুক্ত ন্যায়ালায়
・弁解録取書	・সন্দেহভাজন ব্যাক্তির বিবৃতি (ব্যাখ্যা, মন্তব্য)
・弁護士	・উকিল
・弁護士会	・বার এ্যাসসিয়েশন
・弁護人	・বিবাদী পক্ষের উকিল
・弁護人依頼権	・উকিল রাখিবার জন্য অনুরোধ করিবার অধিকার
・弁護人選任権	・উকিল নিযুক্ত করিবার অধিকার
・変造	・পরিবর্তন
・弁論	・মৌখিক বিচার প্রক্রিয়া, শেষ/অন্তিম বিতর্ক
・弁論再開	・মৌখিক বিচার প্রক্রিয়ার পুনরাবস্তু
・弁論終結	・মৌখিক বিচার প্রক্রিয়ার সমাপ্তি
・弁論能力	・মৌখিক বিতর্ক পরিচালনা করিবার যোগ্যতা
・弁論分離	・মৌখিক বিচার প্রক্রিয়া পৃথকীকরণ
・弁論併合	・মৌখিক বিচার প্রক্রিয়া যুক্তকরণ

・弁論要旨 ・বিবাদীর উকিল দ্বারা সংক্ষিপ্ত (সমাপ্তি) বিতর্ক
・防衛の意思 ・আত্মপক্ষ সমর্থনের উদ্দেশ্যে কাজ করার ইচ্ছে
・包括一罪 ・ব্যাপক (অন্তর্ভুক্ত) একক অপরাধ
・謀議 ・ষড়যন্ত্র
・防御権 ・রক্ষার অধিকার
・暴行 ・বলপ্রয়োগ, আক্রমন
・傍受 ・ইলেকট্রনিক যোগাযোগ মাধ্যমে আরী পাতা
・幇助する ・অসত্কার্জে সাহায্য করা; প্ররোচনা দেওয়ার অপরাধ
・幇助犯 ・অসত্কার্জে সাহায্য করা; প্ররোচনা দেওয়ার অপরাধী
・法人 ・বিধিক অস্তিত্ব
・傍聴席 ・আদালত কক্ষে দর্শকগণের আসন
・傍聴人 ・আদালতের দর্শক
・法廷 ・আদালত; আদালত কক্ষ
・法定刑 ・আইনে নির্দ্ধারিত শাস্তি
・法廷警察権 ・আদালতকক্ষ-সুরক্ষা কর্তৃপক্ষ
・法定代理人 ・আইনী প্রতিনিধি
・法定手続の保障 ・আইনী প্রক্রিয়ার নিশ্চিন্ততা
・冒頭陳述 ・প্রারম্ভিক বিবৃতি
・法の不知 ・আইন সম্পর্কে অজ্ঞতা
・法の下の平等 ・আইনের অধীনে সমতা
・方法の錯誤 ・ভুল প্রক্রিয়া
・法務局 ・আইন বিষয়ক ব্যুরো
・法務省 ・আইন মন্ত্রণালয়
・法律 ・আইন
・法律上の減軽 ・বিধিবদ্ধ (বাধ্যতামূলক) ভাবে হ্রাস করা
・法律の錯誤 ・আইনের ভ্রান্তি
・法律の適用 ・আইনের প্রয়োগ

・法律審 ・আইনের প্রশ্নের সমীক্ষার জন্য ভার প্রাপ্ত আদালত
・暴力団 ・সংগঠিত অপরাধিদল
・法令 ・আইন এবং অধ্যাদেশ
・法令適用の誤り ・আইন অথবা অধ্যাদেশ প্রয়োগে ভ্রান্তি
・保護観察 ・অবেক্ষাধীন তত্বাবধান
・保護観察官 ・অবেক্ষন অফিসার/তত্বাবধায়ক অফিসার
・保護観察所 ・আবেক্ষন কার্যালয়
・保護司 ・স্বেচ্ছাব্রতী আবেক্ষন অফিসার
・保護者 ・তত্বাবধায়ক
・保護法益 ・আইনের দ্বারা সুরক্ষিত স্বার্থ
・保護命令 ・সুরক্ষার আদেশ
・保佐監督人 ・রক্ষকের পর্যবেক্ষক
・補佐人 ・অভিযুক্তের পরামর্শ দাতা (যে আইনত উকিল না)
・保佐人 ・রক্ষাক
・保釈 ・জামিনে মুক্ত; জামিন
・保釈取消し ・জামিন বাতিল/প্রত্যাহার
・保釈保証金 ・জামানত; জামিনের অর্থ
・補充員 ・অভিযোগের তদন্ত বিষয়ক গঠিত সভার অতিরিক্ত সভ্য
・補充裁判員 ・অতিরিক্ত নাগরিক বিচারক
・補充書 ・সম্পূরক অংশ
・補助監督人 ・সাহায়কের পর্যবেক্ষক
・補助人 ・সহায়ক
・没取 ・বাজেয়াপ্ত
・没収する ・আটক/বাজেয়াপ্ত করা
・没収保全 ・বাজেয়াপ্ত করণের নিশ্চয়তা
・ポリグラフ検査 ・পলিগ্রাফ পরীক্ষা
・本籍 ・নিবন্ধকৃত মূল বাস্থানের ঠিকানা (কুটুম্ব রেজিস্টার)

【ま　行】

・麻薬	・মাদকদ্রব্য
・麻薬常習者	・উত্তেজক দ্রব্যের ব্যবহার (নেশা খোর)
・マリファナ	・গাঁজা জাতীয় মাদক, মারিজুয়ানা
・右陪席裁判官	・দক্ষিন পার্শ্বে উপবিষ্ট সহযোগী বিচারক
・未決勾留	・বিচারের পূর্বে আটক রাখা
・未遂	・উদ্যোগ, প্রচেষ্টা
・未成年者	・নাবালক, অপ্রাপ্তবয়স্ক
・密売者	・চোরা-চালান কারি/ব্যবসায়ী
・密輸出	・অবৈধভাবে রপ্তানী
・密輸入	・অবৈধভাবে আমদানী
・未必の故意	・ফলাফলের সম্ভাব্যতার আভাষ
・身分犯	・অপরাধের মর্যাদা; অপরাধীর মর্যাদার উপর নির্ভরশীল সংঘটিত অপরাধ
・無期懲役	・যাবজ্জীবন সশ্রম কারাদন্ড
・無罪	・নির্দোষ,আদালতের বিচার খালাস
・無罪の推定	・নির্দোষিতা সম্পর্কে প্রাকপ্রত্যয়
・無銭飲食	・পয়সা না দিবার অভিপ্রায়ে রেস্তোরাঁয় খাদ্য ও পানীয় আনিবার আদেশ
・無断退去者	・হাসপাতাল কর্তৃপক্ষের অনুমতি ছাড়াই চলে যাওয়া
・無賃乗車	・বিনা টিকিতে (বাস ট্রেন ইত্যাদি) পরিবহন ব্যবস্থা উপভোগ
・無能力者	・অক্ষম/অযোগ্য ব্যক্তি
・酩酊	・মাতাল, নেশাগ্রস্থ
・命令	・আদেশ
・免訴	・বাহিরঙ্গিক কারণের জন্য বাতিল/ছাড়
・毛髪鑑定	・চুলের (কেশের) নমুনা পরীক্ষা
・黙秘権	・নীরব/চুপ থাকিবার অধিকার

【や 行】

・薬物犯罪収益	・উত্তেজক বা মাদক পদার্থ সম্বন্ধিত অপরাধের দ্বারা উপার্জিত লাভ
・やむを得ずにした行為	・অপ্রতিরোধ্য প্রয়োজনীয়তা হইতে কৃত কর্ম
・誘引	・প্রলোভন
・有期懲役	・সীমিত সময়ের জন্য সশ্রম কারাদণ্ড
・有罪	・কয়েদী; দোষী সাব্যস্ত
・宥恕	・ক্ষমা/মার্জনা
・誘導尋問	・সাংকেতিক প্রশ্ন
・ゆすり	・ভীতিপ্রদর্শনের মাধ্যমে অর্থ আদায়
・予見可能性	・আগাম জানিবার ক্ষমতা
・余罪	・অভিযোগ আনা হয়নি এমন অপরাধ
・予断排除	・পূর্বেই ধারনা না করা (নীতি) পক্ষপাতিত্ব এড়ানো
・予備	・অপরাধের প্রস্তুতি নেওয়া
・呼出状	・সমনের আদেশ
・呼び出す	・সমন
・予備的訴因	・অতিরিক্ত অভিযোগ, চার্জশিটের অনুপূরক বিষয়

【ら 行】

・立証趣旨	・প্রমাণের সারমর্ম
・立証する	・প্রমান করা
・立証責任	・প্রমানের দায়িত্ব/দায়
・略式手続	・সংক্ষিপ্ত বিচার প্রক্রিয়া (পদ্ধতি)
・略式命令	・সংক্ষিপ্ত আদেশ
・略取	・অপহরণ
・留置施設	・আটক, হাজত কক্ষের ব্যবস্থা
・理由のくいちがい	・কারনের বিরোধাভাস
・理由の不備	・যথেষ্ট করণের অভাব, ভিত্তির অভাব

・理由を示さない不選任の請求	・নাগরিক বিচারককে সেই পদে নিযুক্তি না করণের নিবেদন (কারন না দেখিয়ে)
・量刑	・শাস্তি/দণ্ড দান
・量刑不当	・অন্যাহ্য শাস্তি বিধান
・領事	・বাণিজ্য দূত
・領事館	・বাণিজ্য দুতাবাস
・領収書	・রসিদ, প্রাপ্তিপত্র
・領置	・বাজেয়াপ্ত/আটক দ্রব্যাদি
・領置調書	・আটক দ্রব্যাদির রেকর্ড
・両罰規定	・এককালীন সংঘটিত অপরাধের শাস্তিদানের ধারা (ব্যক্তির এবং সংস্থার ক্ষেত্রে)
・旅券（パスポート）	・কোন দেশে গমনের জন্য আইনী প্রবেশপত্র/পাশপোর্ট
・輪姦	・একাধিক ব্যক্তির দ্বারা জনৈকা মহিলার উপর বলাৎকার
・臨検	・স্থান পরিদর্শন,পরিদর্শন
・臨床尋問	・বিচারক কর্তৃক হাসপাতালে বিবাদীকে পরীক্ষা
・類推解釈	・ব্যাখ্যার ক্ষেত্রে সাদৃশ্যের ব্যবহার
・累犯	・পুনঃ পুনঃ অপরাধী সাব্যস্ত হওয়া
・令状	・পরোয়ানা; আজ্ঞালেখ
・連行する	・জিজ্ঞাসাবাদের জন্য লইয়া আসা;পুলিশ থানায় ডাকিয়া আনা
・労役場留置	・কাজের জায়গায় আটক রাখা (জরিমানা না দিতে পারার জন্য)
・録音	・শুনিবার উপযোগী টেপরেকর্ডিং
・録取（する）	・নথিপত্র; লিখিয়া রাখা
・論告	・অভিযোক্তার সমাপ্তিসূচক বিবৃতি;সমাপ্তিসুচক বিতর্ক
・論告要旨	・সমাপ্তিসুচক বিতর্কের(অভিযোক্তার)সংক্ষিপ্ত বিবরণ

【わ　行】

・わいせつ	・অশ্লীলতা; লম্পটতার
・わいろ	・ঘুষ; উৎকোচ
・和解	・সমঝোতা /পারস্পরিক বোঝাপড়া

第2章　法令名

【あ　行】

・あへん法	・আফিম–আইন
・医師法	・চিকিৎসা ব্যবসায়ীর আইন
・意匠法	・নকশা/ডিজাইন সংরক্ষণ আইন
・印紙等模造取締法	・রাজস্ব বিষয়ক টিকিট/স্ট্যাম্প নকল করা নিয়ন্ত্রন আইন
・印紙犯罪処罰法	・রাজস্ব বিষয়ক অপরাধের জন্য শাস্তির আইন
・インターネット異性紹介事業を利用して児童を誘引する行為の規制等に関する法律	・ইন্টারনেটের মাধ্যমে বিপরীত লিঙ্গের পরিচয় ঘটানোর সেবার দ্বারা নাবালকদের প্রলোভন দেবার নিয়ন্ত্রণ ইত্যাদি আইন
・恩赦法	・ক্ষমা আইন

【か　行】

・外国ニ於テ流通スル貨幣紙幣銀行券証券偽造変造及模造ニ関スル法律（外貨偽造法）	・বিদেশী মুদ্রা, ধন বিধেযক, ব্যান্ক নোট বা বিত্তিয় প্রতিভুতি তে জালসাযী, ফেরবদল এবং নকল আইন
・外国為替及び外国貿易法（外為法）	・বিদেশী মুদ্রা বিনিময় এবং বিদেশী বাণিজ্য নিয়ন্ত্রণ আইন
・外国裁判所ノ嘱託ニ因ル共助法	・বিদেশের আদালতে ন্যায়িক-সহায়তা সংক্রান্ত আইন
・外国人漁業の規制に関する法律	・বিদেশী নাগরিক মত্স উদ্দ্যোগের সঞ্চালনের নিয়ন্ত্রণ (মৎস্য শিকার) আইন
・外国人登録法	・বিদেশী নাগরিক নিবন্ধীকরণ আইন
・海洋汚染等及び海上災害の防止に関する法律	・সামুদ্রিক দুষণ এবং সমুদ্রিক বিপত্তি নিবারণ সম্বন্ধিত আইন
・海上交通安全法	・সামুদ্রিক নৌচলাচল　নিরাপত্তা আইন

・海上衝突予防法	・সামুদ্রিক সংঘর্ষ-নিবারণ আইন
・火炎びんの使用等の処罰に関する法律	・কাঁচের বোতলবোমা ব্যবহারের জন্য শাস্তি সংক্রান্ত আইন
・覚せい剤取締法	・উত্তেজক ঔষধ নিয়ন্ত্রন আইন
・貸金業法	・ঋণদান ব্যবসা সংক্রান্ত বিধি
・火薬類取締法（火取法）	・গোলা-বারুদ নিয়ন্ত্রন আইন
・関税定率法	・সীমা শুল্ক হার সম্পর্কিত আইন
・関税法	・সীমা শুল্ক আইন
・漁業法	・মৎস চাষ আইন
・漁船法	・মাছধরা-জাহাজ সম্পর্কিত আইন
・銀行法	・ব্যাঙ্কিং আইন
・金融商品取引法	・বিত্তিয় সাধন এবং বিনিময় আইন
・警察官職務執行法（警職法）	・পুলিশীকর্ত্তব্যপালন সংক্রান্ত আইন
・警察法	・পুলিশ আইন
・刑事確定訴訟記録法	・চুরান্ত ফৌজদারী মামলার নথিপত্র সংক্রান্ত আইন
・刑事収容施設及び被収容者等の処遇に関する法律	・কয়েদী /নিবাসীর দন্ড অপরোধ সুবিধা এবং সম্বন্ধিত আইন
・刑事訴訟規則（刑訴規則）	・দন্ড প্রক্রিয়া সংক্রান্ত আইন
・刑事訴訟費用等に関する法律	・দন্ড প্রক্রিয়া চালানোর খরচ সংক্রান্ত আইন
・刑事訴訟法（刑訴法）	・দন্ড প্রক্রিয়ার ধারা
・刑事補償法	・ফৌজদারী ক্ষতিপূরণ আইন (শাস্তিপ্রাপ্ত ব্যক্তি যিনি পরবর্তী সময়ে নির্দোষ প্রমাণিত হইয়াছেন তাঁহাকে ক্ষতিপূরণ দিবার আইন)
・競馬法	・ঘোড়াদৌড় আইন
・軽犯罪法	・ছোটখাট অপরাধ সংক্রান্ত আইন
・刑法	・দণ্ডবিধি/দণ্ডসংক্রান্ত বিধান
・検察審査会法	・অভিযোগ অনুসন্ধান সংক্রান্ত আইন

・検察庁法	・সরকারী উকিলগণের কার্যালয় সংক্রান্ত আইন
・航空機の強取等の処罰に関する法律	・বেআইনীভাবে বিমান দখল/অবরোধ জনিত শাস্তি সংক্রান্ত আইন
・航空の危険を生じさせる行為等の処罰に関する法律	・বিমান চলাচলে বিপদ সৃষ্টি জনিত শাস্তি সংক্রান্ত আইন
・更生保護事業法	・অপরাধীগণের পুনর্বাসন সম্পর্কিত আইন
・更生保護法	・অপরাধী পুনর্বাসন আইন
・国際受刑者移送法	・আন্তর্জাতিক অপরাধীদের স্থানান্তর সংক্রান্ত আইন
・国際人権規約	・আন্তর্জাতিক মানবাধিকার যুক্তি
・国際捜査共助等に関する法律	・তদন্তের ক্ষেত্রে আন্তর্জাতিক সহায়তা সংক্রান্ত আইন
・国際的な協力の下に規制薬物に係る不正行為を助長する行為等の防止を図るための麻薬及び向精神薬取締法等の特例等に関する法律（麻薬特例法）	・আন্তর্জাতিক সহযোগিতার নিয়ন্ত্রিত ঔষধ সম্পর্কিত অন্যায় অপরাধকে উৎসাহদান ইত্যাদি প্রতিরোধের উদ্দেশ্যে আফিম এবং মনোবিকৃতিকারী ঔসধ রোধ জাতীয় আইন(আফিম ইত্যাদি সংক্রান্ত বিশেষ আইন)
・国籍法	・নাগরিক আইন
・戸籍法	・পরিবার নিবন্ধীকরন আইন

【さ　行】

・裁判員の参加する刑事裁判に関する法律	・ফৌজদারী মামলায় অনশগ্রহনকারী নাগরিক-বিচারক আইন
・裁判員の参加する刑事裁判に関する規則	・ফৌজদারী মামলায় অনশগ্রহনকারী নাগরিক-বিচারক নিয়ম
・裁判所法	・ন্যায়ালায় আইন

・酒に酔って公衆に迷惑をかける行為の防止等に関する法律	・মদমত্ত/মাতাল ব্যাক্তিদ্বারা অপ্রীতিকরঘটনা প্রতিরোধ সংক্রান্ত আইন
・自転車競技法	・সাইকেল চালনা প্রতিযোগিতা সংক্রান্ত আইন
・自動車損害賠償保障法	・মোটরগাড়ির দায়বদ্ধতা সম্পর্কিত সুরক্ষা আইন
・自動車の保管場所の確保等に関する法律	・যানবাহন পার্ক করা এবং গুদামজাত রাখার সুবিধা অর্জন সংক্রান্ত আইন
・児童福祉法	・শিশুকল্যাণ সম্পর্কিত আইন
・児童買春，児童ポルノに係る行為等の処罰及び児童の保護等に関する法律	・শিশু বেশ্যাবৃত্তি নিয়ন্ত্রণ এবং শিশু পর্নোগ্রাফি নিয়ন্ত্রণ সংক্রান্ত বিধি
・銃砲刀剣類所持等取締法（銃刀法）	・আগ্নেয়াস্ত্র এবং তরবারী নিয়ন্ত্রন আইন
・出資の受入れ，預り金及び金利等の取締りに関する法律	・অর্থসঞ্চয় এবং সুদ-নিয়ন্ত্রন আইন
・出入国管理及び難民認定法	・অভিবাসন-নিয়ন্ত্রন এবং শরণার্থী-স্বীকৃতি দান আইন
・少年法	・কিশোর সংক্রান্ত আইন
・商標法	・ট্রেডমার্ক আইন
・商法	・ব্যবসায়-বাণিজ্য সংক্রান্ত আইন
・職業安定法	・চাকুরী-নিরাপত্তা সংক্রান্ত আইন
・所得税法	・আয়কর আইন
・心神喪失等の状態で重大な他害行為を行った者の医療及び観察等に関する法律（心神喪失者等医療観察法）	・উন্মাদ অবস্থায় কৃত গুরুতর অপরাধের জন্য দোষী ব্যাক্তিদের স্বাস্থ্য সুরক্ষার আইন (উন্মাদ ব্যাক্দিদের জন্য স্বাস্থ্য রক্ষা আইন)
・人身保護法	・ব্যক্তিগত নিরাপত্তা রক্ষা আইন
・森林法	・বন সংক্রান্ত আইন

・ストーカー行為等の規制等に関する法律	・কারো পেছনে লাগা বা তার আসে পাসে ঘরা ইত্যাদির উপর নিয়ন্ত্রনের সম্বন্ধিত আইন
・精神保健及び精神障害者福祉に関する法律（精神保健法）	・মানসিক রোগীর কল্যাণ সংক্রান্ত আইন
・船員法	・নৌচালক/নাবিক আইন
・船舶安全法	・জাহাজ-নিরাপত্তা আইন
・船舶職員及び小型船舶操縦者法	・সামুদ্রি জাহাজের কর্মচারীর এবং নউ সঞ্চালক সম্বন্ধিত আইন
・船舶法	・জাহাজের আইন
・組織的な犯罪の処罰及び犯罪収益の規制等に関する法律	・সংগঠিত অপরাধের সস্থি এবং অবিদ্য গতিবিধি দ্বারা লাভ অর্জিত করার নিয়ন্ত্রন সংক্রান্ত বিধি

【た　行】

・大麻取締法	・গাঁজা বা গাঁজা জাতীয় মাদক নিয়ন্ত্রন আইন
・著作権法	・কপিরাইট আইন
・通貨及証券模造取締法	・জাল টাকা এবং জাল ঋণপত্র নিয়ন্ত্রণ আইন
・鉄道営業法	・রেলচলাচল সংক্রান্ত আইন
・電気通信事業法	・টেলিযোগাযোগ প্রতিষ্ঠান সংশ্লিষ্ট আইন
・電波法	・বেতার/টেলিগ্রাফ আইন
・盗犯等ノ防止及処分ニ関スル法律	・চুরি,ডাকাতি ইত্যাদি নিবারণ সংক্রান্ত আইন
・逃亡犯罪人引渡法	・বিদেশে পলাতক অপরাধীকে সেই রাষ্ট্রের কাছে অর্পণ করা,যে রাষ্ট্রে সে দোষী সাব্যস্থ হয়েছে এতদ্‌ সংক্রান্ত আইন

法令名【た・な・は行】

- 道路運送車両法 ・সড়ক পরিবহন এবং (মোটর) যানবাহন আইন
- 道路交通法（道交法） ・সড়ক চলাচল আইন
- 特殊開錠用具の所持の禁止等に関する法律 ・তালা ভাঙ্গা ইত্যাদি যন্ত্রপাতির মালিকানায বাধা দেওয়া সংক্রান্ত বিধি
- 特定商取引に関する法律 ・বিশেষ কিছু ব্যবসা সংক্রান্ত লেন-দেন বিধি
- 毒物及び劇物取締法（毒劇法） ・বিষাক্ত এবং বিপদজনক পদার্থ নিয়ন্ত্রন আইন
- 都道府県条例 ・জিলা অধ্যাদেশ

【な　行】

- 成田国際空港の安全確保に関する緊急措置法 ・নারিতা অন্তার্জাতিক বিমানবন্দের সুরক্ষা ও নিয়ন্ত্রনের আপাত্‌কালীন ব্যবস্থা আইন
- 日本国憲法（憲法） ・জাপানের সংবিধান
- 日本国とアメリカ合衆国との間の相互協力及び安全保障条約第6条に基づく施設及び区域並びに日本国における合衆国軍隊の地位に関する協定の実施に伴う刑事特別法（刑特法） ・জাপানে,আমেরিকা যুক্তরাষ্ট্রের সশস্ত্র বাহিনীর মর্যাদা,সুযোগ-সুবিধা এবং এলাকার নিরাপত্তা ও পারস্পরিক সহযোগিতা সংক্রান্ত 6 অনুচ্ছেদে দুইদেশের মধ্যে যে চুক্তি আছে সেটি বলবৎ করিবার জন্য বিশেষ ফৌজদারী আইন।

【は　行】

- 廃棄物その他の物の投棄による海洋汚染の防止に関する条約 ・সমুদ্রে বর্জ্য পদার্থ এবং অন্যান্য বস্তু নিক্ষেপের দ্বারা সৃষ্ট দূষণ প্রতিরোধ বিষয়ক সম্মেলন/চুক্তি
- 廃棄物の処理及び清掃に関する法律（廃棄物処理法） ・বর্জ্য পদার্থ ব্যবস্থাকরণ এবং সর্বজনীন স্থান পরিষ্কারকরণ সংক্রাস্ত আইন

・配偶者からの暴力の防止及び被害者の保護に関する法律	・দম্পত্য কলহে হিংসার নিয়ন্ত্রণ এবং আক্রান্ত ব্যক্তির সুরক্ষা সংক্রান্ত আইন/বিধি
・売春防止法	・বেশ্যাবৃত্তি নিবারণ আইন
・破壊活動防止法（破防法）	・বিধ্বনশক কার্যকলাপ নিরোধক আইন
・爆発物取締罰則	・বিস্ফোরক নিয়ন্ত্রন এবং দন্ড
・罰金等臨時措置法	・জরিমানা ইত্যাদি বিষয়ে সাময়িক ব্যবস্থা গ্রহন আইন
・犯罪収益に係る保全手続等に関する規則	・অপরাধ দ্বারা অর্জিত লাভ সুনিশ্চিত করার ইত্যাদির প্রক্রিয়া সম্বন্ধিত নিয়ম
・犯罪捜査のための通信傍受に関する法律	・ফৌজদারী মামলার তথ্যের ব্যাপারে আরি পাতা সংক্রান্ত বিধি
・犯罪被害財産等による被害回復給付金の支給に関する法律	・বেআইনি সম্পত্তি থেকে পাওয়া অর্থের ক্ষতিপূরণ দেওয়া
・犯罪被害者等の権利利益の保護を図るための刑事手続に付随する措置に関する法律（犯罪被害者等保護法）	・ফৌজদারী মামলার বিধি এবং অপরাধ পীড়িত ব্যাক্তিদের সুরক্ষা সম্পর্কিত আইন（অপরাধী সুরক্ষা আইন）
・被疑者補償規程	・সন্দেহভাজন ব্যক্তিগণের ক্ষতিপূরণ সংক্রান্ত আইন
・人の健康に係る公害犯罪の処罰に関する法律（公害罪法）	・জন স্বাস্থ্য বিরোধী দুঠন অপরাধ নিয়ন্ত্রণ আইন
・風俗営業等の規制及び業務の適正化等に関する法律（風営法）	・জনসাধারণের মনোবল প্রভাবিত করিতে পারে এমন ব্যবসায় নিয়ন্ত্রন আইন
・武器等製造法	・অস্ত্র- শস্ত্র উৎপাদন আইন
・不正競争防止法	・অনুচিত প্রতিযোগিতা（ব্যবসায়ে） নিরোধক আইন
・法廷等の秩序維持に関する法律	・আদালতে শৃঙ্খলা বজায় রাখা সংক্রান্ত আইন

・暴力行為等処罰ニ関スル法律 ・হিংসাত্মক কার্যকলাপের জন্য দণ্ডদান আইন

【ま 行】

・麻薬及び向精神薬取締法（麻取法） ・মাদক দ্রব্য এবং মানবিকতার নিয়ন্ত্রন আইন
・民事訴訟法 ・দেওয়ানী বিচার প্রক্রিয়ার আইন
・民法 ・দেওয়ানী আইন
・モーターボート競走法 ・পেশাগত মোটরবোট প্রতিযোগিতা আইন

【や 行】

・薬物犯罪等に係る保全手続等に関する規則 ・উত্তেজক ঔষুধ সম্বন্ধিত অপরাধের দ্বারা অর্জিত লাভ কে সুনিশ্চিত করার ইত্যাদির প্রক্রিয়া সম্বন্ধিত নিয়ম
・有線電気通信法 ・বৈদ্যুতিক তার যোগাযোগ আইন
・郵便切手類模造等取締法 ・ডাকটিকিট-নকল নিয়ন্ত্রন আইন
・郵便法 ・ডাকবিভাগীয় আইন

【ら 行】

・領海及び接続水域に関する法律 ・সামুদ্রিক এলাকা এবং সম্বদ্ধ জল এলাকা সংক্রান্ত বিধি
・領事関係に関するウィーン条約 ・রাষ্ট্রদূত সম্পর্কিত ভিয়েনা কণভেনসান (চুক্তি)
・旅券法 ・পাশপোর্ট আইন
・労働基準法 ・শ্রমিক মানক আইন

第3章　罪名

【あ　行】

・あへん煙吸食器具輸入（製造，販売，所持）罪	・আফিম খাওয়ার উপকরণের আমদানী (উৎপাদন, বিক্রয়, মজুদ রাখা)
・あへん煙吸食罪	・আফিম গ্রহন
・あへん煙吸食場所提供罪	・আফিম গ্রহনের জন্য স্থান প্রদান করানো
・あへん煙等所持罪	・গ্রহনযোগ্য আফিম মজুদ রাখা
・あへん煙輸入(製造，販売，所持）罪	・আফিমের আমদানী (উৎপাদন, বিক্রয়, মজুদ রাখা)
・あへん法違反(所持，譲渡，譲受，使用，輸入)	・আফিম আইনের উল্লঙঘন (মজুদ রাখা, হস্তান্তর, গ্রহন, ব্যবহার, আমদানী)
・遺棄罪	・পরিত্যাগ
・遺棄等致死罪	・পরিত্যাগ ইত্যাদি যাহার ফলে মৃত্যু পর্যন্ত হইয়াছে
・遺棄等致傷罪	・পরিত্যাগ ইত্যাদি যাহার ফলে আঘাত পর্যন্ত হইয়াছে
・遺失物等横領罪	・হারানো দ্রব্যাদি পরিবর্তিত (আত্মসাৎ) করিয়া লওয়া
・威力業務妨害罪	・ব্যবসায়ে বল প্রয়োগপূর্বক বাধা সৃষ্টি
・営利目的等被略取者収受罪	・অর্থলাভের উদ্দ্যেশে কোন অপ ব্যক্তিকে আটক রাখা
・営利目的等略取（誘拐）罪	・অর্থলাভের জন্য অপহরণ
・延焼罪	・আগুন ছড়িয়ে পড়ায় সহায়তা করা
・往来危険罪	・যান চলাচলে বিপদ সৃষ্টি করা
・往来危険による艦船転覆（沈没，破壊）罪	・জাহাজ চলাচলের ক্ষেত্রে বিপদ সৃষ্টির উদ্দ্যেশে জাহাজ ডুবাইয়া দেওয়া (ডুবানে, ক্ষতিসাধন)
・往来危険による汽車転覆（破壊）罪	・যান চলাচলের ক্ষেত্রে ক্ষতি সাধনের উদ্দ্যেশ্যে রেল বা সড়কযান উল্টাইয়া (ধ্বংস) দেওয়া
・往来妨害罪	・চলাচল ব্যবস্থায় বাধা সৃষ্টি
・往来妨害致死罪	・যান চলাচলে বাধা সৃষ্টি করিয়া মৃত্যু ঘটানো
・往来妨害致傷罪	・যান চলাচলে বাধা সৃষ্টি করিয়া আহত করা

・横領罪	・তছরুপ বা আত্মসাৎ করা

【か 行】

・外国国章損壊（除去，汚損）罪	・বিদেশী প্রতীকচিহ্ন বিনষ্ট করা（সরিয়ে ফেলা, বিকৃত করে দেওয়া）
・外国人登録法違反（登録不申請）	・বিদেশী-নিবন্ধকরন আইন লঙঘন（নিবন্ধকরনে অসফলতা）
・外国通貨偽造罪	・বৈদেশিকমুদ্রা জাল করা
・覚せい剤取締法違反（所持，譲渡，譲受，使用，輸入）	・উত্তেজক ঔষধ নিয়ন্ত্রন আইন（মজুদ, হস্তান্তর, গ্রহন, ব্যবহার, আমদানী）
・過失往来危険罪	・যান চলাচলের ক্ষেত্রে বিপদ ঘটিতে পারে এরুপ অবহেলা জনিত অপরাধ
・過失激発物破裂罪	・বিস্ফোরন ঘটিতে পারে এরুপ বিস্ফোরক পদার্থের ক্ষেত্রে অবহেলা জনিত অপরাধ
・過失建造物等浸害罪	・অবহেলার ফলে প্লাবনে ঘরবাড়ির ক্ষতি হইতে পরে এরুপ অপরাধ
・過失傷害罪	・অবহেলার ফলে শারীরিক ক্ষতি/জখম
・過失致死罪	・অবহেলায় নরহত্যা
・加重逃走罪	・বার বার পলায়ন
・加重封印等破棄罪	・অত্যান্ত খারাব ভাবে প্রয়জনীয় সিলমোহোর নস্ট করার অপরাধ
・ガス漏出罪	・গ্যাস লিক করার কারণ জনিত ঘটানা
・ガス漏出等致死罪	・গ্যাস লিক করিয়া মৃত্যু ঘটানোর কারণ সৃষ্টি জনিত অপরাধ
・ガス漏出等致傷罪	・গ্যাস লিক করিয়া আহত করিবার কারণ সৃষ্টি জনিত অপরাধ
・監禁罪	・অবৈধভাবে আটক করিয়া রাখা
・監禁致死罪	・অবৈধভাবে আটক রাখিয়া মৃত্যুর কারণ ঘটানো
・監禁致傷罪	・অবৈধভাবে আটক রাখিয়া আহত করার অপরাধ
・艦船往来危険罪	・জাহাজ চলাচলে বিপদের সৃষ্টি করা
・偽計業務妨害罪	・প্রতারনার দ্বারা ব্যবসায়ে বাধা সৃষ্টি করা
・危険運転致死罪	・বেপরোয়া গারি চালানের জন্য মৃত্যু

・危険運転致傷罪	・বেপরোয়া গারি চালানের জন্য আঘাত
・汽車転覆罪	・রেলগাড়ির দুর্ঘটনা ঘটানো
・汽車転覆等致死罪	・রেলগাড়ি লাইনচ্যুত করিয়া মৃত্যু ঘটানো
・偽証罪	・বিচারালয়ে মিথ্যাসাক্ষ্য দান
・偽造外国通貨行使罪	・বৈদেশিক মুদ্রা জাল করা এবং ব্যবহার করা জনিত অপরাধ
・偽造公文書行使罪	・জাল সরকারী কাগজপত্র ব্যবহার
・偽造私文書行使罪	・জাল ব্যক্তিগত কাগজ পত্র ব্যবহার
・偽造通貨行使罪	・জাল টাকা/মুদ্রা ব্যবহার করা
・偽造通貨等収得罪	・জাল টাকা উপার্জন করা
・偽造有価証券行使罪	・জাল জমানতপত্র/ঋণপত্র ব্যবহার করা
・器物損壊罪	・বিষয়-সম্পত্তি বিনিষ্ট অথবা ক্ষতি সাধন
・境界損壊罪	・দেশের সীমা ধ্বংস অথবা পরিবর্তন করা
・恐喝罪	・বলপূর্বক/ভীতি প্রদর্শন করিয়া অর্থ আদায়
・凶器準備集合（結集）罪	・বিপদজনক অস্ত্র-শস্ত্র প্রস্তুতিসহ জমায়েত হওয়া
・強制執行関係売却妨害罪	・নিয়ম এবং আদেশ থাকা সত্তেও সুনিশ্চিত বিক্রয়ে বাধা
・強制執行行為妨害罪	・আদেশ পালনে করার বাধার অপরাধ
・強制執行妨害罪	・আদেশ পালনে বাধার অপরাধ
・強制執行妨害目的財産現状改変罪	・আদেশ পালন করার বাধা দেওয়ার জন্য সম্পত্তির বর্তমান এবং বাস্তবিক অবস্থা ফেরবদল করার অপরাধ
・強制執行妨害目的財産損壊（隠匿）罪	・আদেশ পালন করার বাধা দেওয়ার জন্য সম্পত্তি কে ক্ষতি （লুকিযে রাখার） অপরাধ
・強制執行妨害目的財産無償譲渡罪	・আদেশ পালন করার বাধা দেওয়ার জন্য সম্পত্তি স্থানান্তর করার অপরাধ
・強制執行申立妨害目的暴行（脅迫）罪	・আদেশ পালন করতে না দেওয়ার উদ্দেশ্যে আক্রমণ （ভীতি সঞ্চার করানো/বকা ধমকানো ইত্যাদি） অপরাধ
・強制わいせつ罪	・অপ্রীতিকর হামলা/অশ্লীল ব্যবহার জনিত অপরাধ
・強制わいせつ致死罪	・অশ্লীল হামলার দ্বারা মৃত্যু ঘটানো

・強制わいせつ致傷罪	・অশ্লীল হামলার দ্বারা শারীরিক আঘাত সৃষ্টি
・脅迫罪	・ভীতিপ্রদর্শন
・業務上横領罪	・ব্যবসার সূত্রে অর্থ আত্মসাৎ করা
・業務上過失往来危険罪	・কর্তব্যকর্মে অবহেলার মাধ্যমে বিপদ ডাকিয়া আনা
・業務上過失激発物破裂罪	・কর্তব্যকর্মে অবহেলার দ্বারা বিস্ফোরক পদার্থের বিস্ফোরন ঘটানো
・業務上過失致死罪	・কর্তব্য কর্মে অবহেলার মাধ্যমে মৃত্যু ঘটানো
・業務上過失致傷罪	・কর্তব্য কর্মে অবহেলার মাধ্যমে শারীরিক আঘাত সৃষ্টি
・業務上失火罪	・কার্তব্য কর্মে অবহেলার কারণে আগুন লাগা
・強要罪	・বলপ্রয়োগ; জবরদস্তি; বাধ্যতামূলক
・虚偽鑑定罪	・বিশেষজ্ঞের মিথ্যা/ভ্রান্ত অভিমত
・虚偽告訴罪	・মিথ্যা ফৌজদারী অভিযোগ
・虚偽診断書作成罪	・মিথ্যা/জাল ম্যাডিক্যাল সার্টিফিকেট দেওয়া
・激発物破裂罪	・বিস্ফোরক পদার্থের বিস্ফোরন ঘটানো
・現住建造物等放火罪	・বাসগৃহে অগ্নিসংযোগ
・建造物侵入罪	・কোন গৃহে অনধিকার প্রবেশ
・建造物損壊罪	・কোন গৃহের ধ্বংস বা ক্ষতি সাধন করা
・建造物損壊致死罪	・কোন গৃহের কাঠামোগত ক্ষতি সাধন অথবা ধ্বংস ফলতঃ মৃত্যু
・建造物損壊致傷罪	・কোন গৃহের কাঠামোগত ক্ষতি সাধন অথবা ধ্বংস ফলতঃ শারীরিক ক্ষতি সাধন
・建造物等以外放火罪	・গৃহ ছাড়া অন্যান্য বস্তুতে আগুন লাগাইয়া দেওয়া
・公印偽造罪	・সরকারী শীলমোহর জাল করা
・公印不正使用罪	・সরকারী শীলমোহরের অবৈধ ব্যবহার
・強姦罪	・ধর্ষণ বলাৎকার
・強姦致死罪	・ধর্ষণের ফলে মৃত্যু
・強姦致傷罪	・ধর্ষণের ফলে শারীরিক ক্ষতি
・公記号偽造罪	・সরকারীমোহর বা ছাপ জাল করা

・公記号不正使用罪	・সরকারী মোহর বা ছাপের অবৈধ্য ব্যবহার
・公契約関係競売等妨害罪	・সম্পত্তি নিলামে বাধা দেওয়ার অপরাধ
・公正証書原本等不実記載罪	・সরকারী প্রামাণিক তথ্য ইত্যাদির মিথ্যা অন্তর্ভুক্তিকরণ
・公然わいせつ罪	・সার্বজনিক অশ্লীলতা
・強盗強姦罪	・ডাকাতির সময় ধর্ষণ
・強盗強姦致死罪	・ডাকাতির সময় ধর্ষনের ফল মৃত্যু
・強盗罪	・ডাকাতি
・強盗致死罪	・ডাকাতির ফলে মৃত্যু
・強盗致傷罪	・ডাকাতির ফলে শারীরিক আঘাত
・強盗予備罪	・ডাকাতির উদ্দ্যেশ্যে প্রস্তুতি
・公務員職権濫用罪	・সরকারী কর্মচারী দ্বারা ক্ষমতার অপব্যবহার
・公務執行妨害罪	・সরকারী দ্বায়িত্বপুর্ন কাজে বাধা সৃষ্টি
・公用文書毀棄罪	・সরকারী কাগজপত্র বিণষ্টীকরণ
・昏酔強盗罪	・(মাদক পদার্থ ইত্যাদির দ্বারা) অচেতন বা অজ্ঞান করে লুট পাত/ডাকাতি

【さ　行】

・裁判員の参加する刑事裁判に関する法律違反	・ফৌজদারী মামলায় নাগরিক বিচারক হিসাবে অনশগ্রহন করি অপরাধীর মামলা সংক্রান্ত আইন অম্যানের অপরাধ
(裁判員等に対する請託(情報提供)罪)	・নাগরিক বিচারক ইত্যাদি ব্যাক্তিদের কাছে বেআইনি অনুরোধ (তথ্য পৌছে দেওয়া)সংক্রান্ত অপরাধ
(裁判員等に対する威迫罪)	・নাগরিক বিচারক ইত্যাদি ব্যাক্তিদের ভীতি প্রদর্শন সংক্রান্ত অপরাধ
(裁判員等による秘密漏示罪)	・নাগরিক বিচারক ইত্যাদি গোপনীয় তথ্য প্রকাশের অপরাধ
(裁判員の氏名等漏示罪)	・নাগরিক বিচার সভার সদস্যদের নাম বেআইনি ভাবে প্রকাশের অপরাধ
(裁判員候補者による虚偽記載(陳述)罪)	・নাগরিক বিচারক সদস্যদের দ্বারা মিথ্যা বিবরণ (বিবৃতি) সংক্রান্ত অপরাধ
・詐欺罪	・জালিয়াতি
・殺人罪	・খুন/হত্যা

・殺人予備罪	・খুনের প্রস্তুতি
・私印偽造罪	・ব্যক্তিগত সীল/মহর জালিয়াতি করা
・私印不正使用罪	・ব্যক্তিগত সীল/মহরের অপব্যবহার
・事後強盗罪	・সুপরিকল্পিত ডাকাতি, সংগঠিত ডাকাতি
・自殺関与罪	・আত্মহত্যায় সাহায্য করা
・死体遺棄罪	・লাশ ফেলিয়া যাওয়া
・死体損壊罪	・মৃতদেহ বা লাশের ক্ষতিসাধন, লাশ গলিয়া যাওয়া
・失火罪	・অবহেলার কারণে অগ্নিকান্ড
・自動車運転過失致死罪	・অমনোযোগী ভাবে গারি চালানোর জন্য মৃত্যু জনিত অপরাধ
・自動車運転過失致傷罪	・অমনোযোগী ভাবে গারি চালানোর জন্য আঘাত জনিত অপরাধ
・支払用カード電磁的記録不正作出罪	・অর্থপ্রদান বা লেনদেন সংক্রান্ত কার্ডের বিদ্যুত চুম্বকীয় (ইলেক্ট্রোমেগ্নাতিক) তথ্য অপ্লুমদিত বিষয়ে সৃজন সংক্রান্ত অপরাধ
・重過失致死罪	・গুরুতর অবহেলার কারণে মৃত্যু
・重過失致傷罪	・গুরুতর অবহেলার কারণে শারীরিক জখম
・住居侵入罪	・অবৈধভাবে বাসগৃহে অনুপ্রবেশ
・集団強姦罪	・গনধর্ষন সংক্রান্ত অপরাধ
・収得後知情行使（交付）罪	・নকল টাকা পাইবার পর জানিয়া শুনিয়া তাহা ব্যবহার করা (হস্তান্তারন করা)
・銃砲刀剣類所持等取締法違反	・আগ্নেয়াস্ত্র এবং তরবারী নিয়ন্ত্রন আইনের উল্লঙঘন
(けん銃実包譲渡)	・হ্যান্ডগানের গুলি-বারুদ হস্তান্তরণ
(けん銃実包所持)	・হ্যান্ডগানের গুলি-বারুদ মজুত রাখা
(けん銃実包として輸入)	・হ্যান্ডগানের গুলি-বারুদ রূপে আমদানী করা
(けん銃実包輸入)	・হ্যান্ডগনের গুলি-বারুদ আমদানী
(けん銃等加重所持)	・হ্যান্ডগান ইত্যাদি অতিরিক্ত সংগ্রহ এবং মজুদ করা
(けん銃等譲渡)	・হ্যান্ডগান ইত্যাদির হস্তান্তরণ
(けん銃等所持)	・হ্যান্ডগন ইত্যাদি অধিকারে রাখা
(けん銃等として輸入)	・হ্যান্ডগান ইত্যাদি রূপে আমদানী করা
(けん銃等発射)	・হ্যান্ডগান ইত্যাদি চালানো

(けん銃等輸入)	・হ্যান্ডগান ইত্যাদি আমদানী
(けん銃部品として輸入)	・হ্যান্ডগনের অংশ রূপে আমদানী করা
・出入国管理及び難民認定法違反	・অভিবাসন নিয়ন্ত্রন আইন এবং শরনার্থী স্বীকৃতি আইনের লঙঘন
(営利目的等不法入国等援助)	・লাভের উদ্দেশ্যে অবৈধভাবে জাপানে অনুপ্রবেশে সহায়তা
(寄港地上陸許可等の期間の経過)	・গন্তব্যবন্দরে অবতরণের এবং অবস্থানের জন্য সরকারিভাবে অনুমতি প্রাপ্ত সময়-সীমা পার করিয়া দেওয়া
(収受等の予備)	・অব্যেধ অর্থ গ্রহন সংক্রান্ত অপরাধ
(集団密航者の収受等)	・অব্যেধভাবে প্রবেশ করেছে এমন ব্যক্তির কাছ থেকে টাকা নেওয়ার
(集団密航者を本邦に入らせ,又は上陸させる罪)	・গোষ্ঠীর সহিত আসা লোকেদের অবৈধভাবে জাপানে প্রবেশ অথবা অবতরণ করাইবার অপরাধ
(集団密航者を本邦に向けて輸送し,又は本邦内において上陸の場所に向けて輸送する罪)	・গোষ্ঠীর সহিত অবৈধভাবে আগত ব্যক্তিগণকে জাপানের দিকে পরিবহনের দ্বারা প্রেরণ অথবা জাপানের কোন অবতরনক্ষেত্রে প্রেরণ করা এবং বহন করিয়া লইয়া যাওয়া জনিত অপরাধ
(船舶等の準備及び提供)	・অবৈধভাবে আগমনকারীদের জন্য জাহাজ অথবা বোট-এর ব্যবস্থা করা অথবা সরবরাহ করা সংক্রান্ত অপরাধ
(不法在留)	・অবৈধভাবে জাপানে অবস্থান সংক্রান্ত অপরাধ
(不法残留)	・অবৈধভাবে জাপানে অনুমতি প্রাপ্ত সময়ের অধিক কাল অবস্থান
(不法就労助長)	・কোন ব্যক্তিকে অবৈধভাবে নিয়োগের ব্যবস্থা জনিত অপরাধ
(不法上陸)	・অবৈধ উপায়ে অবতরন
(不法入国)	・অবৈধ উপায়ে অনুপ্রবেশ
(不法入国者等蔵匿隠避)	・অবৈধভাবে জাপানে আগত ব্যক্তিদের লুকাইয়া রাখা
(旅券不携帯)	・পাসপোর্ট সঙ্গে না রাখা
・準強制わいせつ罪	・আংশিক অশ্লীল হামলা
・準強姦罪	・আংশিক ধর্ষন
・準詐欺罪	・আংশিক জালিয়াতি
・傷害罪	・শারীরিক জখম
・傷害致死罪	・শারীরিক জখমের ফলে মৃত্যু

・消火妨害罪	・অগ্নিনির্বাপ্ন কার্যে বাধা প্রদান
・証拠隠滅罪	・সাক্ষ্য প্রমাণ চাপিয়া দেওয়া অথবা বিনষ্ট করা
・常習賭博罪	・স্বভাবগত জুয়ারী
・常習累犯窃盗罪	・স্বভাবগত দাগী চোর কর্তৃক চুরি
・承諾殺人罪	・(নিহত) ব্যক্তির সম্মতিতে হত্যা/খুন
・証人等威迫罪	・সাক্ষীকে ভীতিপ্রদর্শন ইত্যাদি
・私用文書毀棄罪	・ব্যক্তিগত ব্যবহারের জন্য রক্ষিত নথিপত্র বিনষ্ট করা
・嘱託殺人罪	・জনৈক ব্যক্তির অনুরোধক্রমে খুন বা হত্যা
・職務強要罪	・কোন সরকারী কর্মচারীর উপর বলপ্রয়োগ করিয়া কোন কিছু করানো
・所在国外移送目的略取罪	・দেশের বাইরে পাঠিয়ে দেওয়ার জন্য কিডন্যাপিং ইত্যাদি অপরাধ
・信書隠匿罪	・লিখিত আদানপ্রদান প্রকাশ না করা
・信書開封罪	・সীলকরা চিঠিপত্র বেআইনিভাবে খোলা
・人身売買罪	・মানুষ বেচা কেনার অপরাধ
・信用毀損罪	・কোন ব্যক্তির আর্থিক মর্যাদার অবমাননা
・窃盗罪	・চুরি
・騒乱罪	・দাঙ্গা-হাঙ্গামা
・贈賄罪	・ঘুষ প্রদান করা

【た 行】

・逮捕罪	・বেআইনী গ্রেফতারি
・逮捕致死罪	・বেআইনী গ্রেফতারির ফলে মৃত্যু
・逮捕致傷罪	・বেআইনী গ্রেফতারির ফলে শারীরিক আঘাত
・大麻取締法違反（所持，譲渡，譲受，使用，輸入）	・গাঁজা নিয়ন্ত্রন আইনের উল্লঙঘন (অধিকারে রাখা, হস্তান্তর, গ্রহনা, ব্যবহার, আমদানী)
・多衆不解散罪	・ছত্রভঙ্গ করিতে ব্যর্থতা
・談合罪	・নিলামের ডাকে কারচুপি (সরকারী নিলাম অথবা দরপত্র)
・通貨偽造罪	・টাকা জাল করা
・通貨偽造等準備罪	・টাকা জাল করার প্রস্তুতি (পরিকল্পনা)
・電子計算機使用詐欺罪	・কম্পুটরের মাধ্যমে জালিয়াতি

・電子計算機損壊等業務妨害罪	・কম্পুটরের সাহায্যে ব্যবসায়ে বাধা সৃষ্টি
・電磁的記録不正作出罪	・বিদ্যুত-চুম্বকীয় রেকর্ডের অবৈধ উৎপাদন
・電磁的公正証書原本不実記録罪	・মূল বিদ্যুত চুম্বাকিয় (ইলেক্ট্রোম্যাগন্নাতিক) নোটারি তথ্যে ভুল তথ্যের সংযোজন
・逃走援助罪	・পলায়নে সহায়তা
・逃走罪	・পলায়ন (আটক অবস্থা হইতে)
・盗品運搬（保管，有償譲受け，有償処分あっせん）罪	・চোরাইমাল পরিবহনের মাধ্যমে চালান (গুদামজাত করা, ক্রয় করা, দালালি)
・盗品無償譲受け罪	・ক্ষতিপুরন ব্যতিরেকেই চুরির মাল হস্তাগত করা
・動物傷害罪	・পশুকে আঘাত করা
・特別公務員職権濫用罪	・বিশেষ সরকারী কর্মচারী কর্তৃক ক্ষমতার অপব্যবহার
・特別公務員職権濫用等致死罪	・বিশেষ সরকারী কর্মচারী ইত্যাদি কর্তৃক ক্ষমতার অপব্যবহার; ফলে মৃত্যু
・特別公務員職権濫用等致傷罪	・বিশেষ সরকারী কর্মচারী ইত্যাদি কর্তৃক ক্ষমতার অপব্যবহার; ফলে শারীরিক ক্ষতি
・特別公務員暴行陵虐罪	・বিশেষ সরকারী কর্মচারী কর্তৃক অপমান অথবা হামলা
・賭博罪	・জুয়াখেলা
・賭博場開帳等図利罪	・লাভের উদ্যেশ্যে জুয়ার আড্ডা খোলা
・富くじ発売罪	・বেআইনী উপায়ে লটারীর টিকিট বিক্রয়

【は　行】

・売春防止法違反（勧誘，客待ち）	・বেশ্যাবৃত্তি নিবারন আইনের উল্লঙঘন (মনোরঞ্জন,খরিদ্দারের উদ্দেশ্যে ঘোরাফিরা করা)
・背任罪	・অপরাধমুলক বিশ্বাস ভঙ্গ
・犯人隠避罪	・অপরাধীকে পলায়নে সহায়তা বা লোকানো করা
・犯人蔵匿罪	・অপরাধীকে আশ্রয় দেওয়া
・非現住建造物等放火罪	・জনহীন অবাসস্থলে অগ্নিসংযোগ

- ・被拘禁者奪取罪 ・আটক ব্যক্তিকে লইয়া পলায়ন করা
- ・秘密漏示罪 ・গোপনতথ্য ফাঁস করিয়া দেওয়া
- ・被略取者引渡し（収受，輸送，蔵匿，隠避）罪 ・অপহৃত ব্যাক্তিকে পাহুছে দেওয়া (আশ্রয় দেওয়া, পরিবহন করা, লুকাইয়া রাখা,পলায়ন করা)
- ・封印等破棄罪 ・সরকারী সীল ইত্যাদি বেআইনীভাবে বিনষ্ট করিয়া দেওয়া
- ・不実記録電磁的公正証書原本供用罪 ・ভুল তথ্য সম্বলিত বিদ্যুত চুম্বকিয় (ইলেক্ট্রোম্যাগগ্নাতিক) নোটারি দলিলকে কাজে লাগানোর অপরাধ
- ・侮辱罪 ・অসম্মান করা; অপবাদ দেওয়া
- ・不正作出電磁的記録供用罪 ・বেআইনী বিদ্যুৎ-চুম্বকীয় রেকর্ড ব্যবহার করা
- ・不正指令電磁的記録供用罪 ・ভুল তথ্য সম্বলিত বিদ্যুত চুম্বকিয় তথ্যকে কাজে লাগানোর অপরাধ
- ・不正指令電磁的記録作成（提供）罪 ・ভুল তথ্য সম্বলিত বিদ্যুত চুম্বকিয় রেকর্ড সৃজনের(পাচার করার) অপরাধ
- ・不正指令電磁的記録取得（保管）罪 ・ভুল তথ্য সম্বলিত বিদ্যুত চুম্বকিয় তথ্য গ্রহনের (গুদামজাত করার) অপরাধ
- ・不正電磁的記録カード所持罪 ・ভুল বিদ্যুত চুম্বকিয় তথ্য সম্বলিত আর্থিক লেন-দেন সংক্রান্ত কার্ড ব্যবহারের অপরাধ
- ・不退去罪 ・আইনবলে উচ্ছেদের পরেও স্থানত্যাগ করিতে না চাওয়া
- ・不動産侵奪罪 ・ভূ-সম্পত্তির অবৈধ অধিকার লওয়া
- ・放火予備罪 ・অগ্নিসংযোগের প্রস্তুতি লওয়া
- ・暴行罪 ・হামলা করা
- ・保護責任者遺棄罪 ・আইনসঙ্গত অভিভাবকের অধিকার এবং দায়িত্ব পরিত্যাগ
- ・保護責任者遺棄致死罪 ・আইন সঙ্গত অভিভাবকের পরিত্যাগের ফলে মৃত্যু
- ・保護責任者遺棄致傷罪 ・আইন সঙ্গত অভিভাবকের পরিত্যাগের ফলে শারীরিক আঘাত

【ま 行】

- ・未成年者略取（誘拐）罪 ・নাবালক/শিশুকে অপহরণ
- ・身の代金目的被略取者収受罪 ・মুক্তিপণের উদ্দেশ্যে অপহৃত ব্যক্তিকে আটক রাখিতে রাজি হওয়া

・身の代金目的略取罪	・মুক্তিপণের উদ্দেশ্যে অপহরণ
・身の代金目的略取等予備罪	・মুক্তিপণের উদ্দেশ্যে অপহরণের প্রস্তুতি লওয়া
・身の代金要求罪	・মুক্তিপণ দাবী
・無印公文書偽造罪	・সীল বিহীন সরকারী নথিপত্র জাল করা
・無印私文書偽造罪	・সীল বিহীন ব্যক্তিগত নথিপত্র জাল করো
・名誉毀損罪	・মানহানি বা অবমাননা করা

【や　行】

・有印公文書偽造罪	・সীলযুক্ত সরকারী নথিপত্র জাল করা
・有印私文書偽造罪	・সিলযুক্ত ব্যক্তিগত নথিপত্র জাল করা
・有価証券偽造罪	・জামানতপত্র বা ঋণপত্র (বন্ড,কোম্পানীর কাগজ)জাল করা

【わ　行】

・わいせつ物陳列(頒布, 有償頒布目的所持) 罪	・অশ্লীল সামগ্রীর প্রদর্শন (বিতরণ, অর্থের বিনিময় বিতরণ এর উদ্দেশের কাছে রাখা) সংক্রান্ত অপরাধ
・わいせつ電磁的記録記録媒体陳列(頒布, 有償頒布目的所持) 罪	・অশ্লীল বিদ্যুত চুম্বকীয় রেকর্ড বা তথ্য বিভিন্ন মাধ্যমের দ্বারা (বিলি করা, অর্থের বিনিময় বিলি করা উত্যাদি) প্রদর্শনের অপরাধ
・わいせつ電磁的記録等送信頒布罪	・অশ্লীল বিদ্যুত চুম্বকীয় তথ্য ইত্যাদির বিতরণ এবং অন্যান্য স্থানান্তরণ করার অপরাধ
・わいせつ電磁的記録有償頒布目的保管罪	・অশ্লীল বিদ্যুত চুম্বকীয় তথ্য অর্থের বিনিময়র উদ্দেশ্যে বিলি করার অপরাধ

資料

証拠等関係カードの略語表（19ページ参照）

1，2…	第1回公判，第2回公判……〔「期日」欄のみ〕	捜 押	捜索差押調書
前1，前2…	第1回公判前整理手続，第2回公判前整理手続…	任	任意提出書
間1，間2…	第1回期日間整理手続，第2回期日間整理手続…	領	領置調書
※1，※2…	証拠等関係カード（続）「※」欄の番号1，2……の記載に続く	仮 還	仮還付請書
決 定	証拠調べをする旨の決定	還	還付請書
済	取調べ済み	害	被害届，被害てん末書，被害始末書，被害上申書
裁	裁判官に対する供述調書	追 害	追加被害届，追加被害てん末書，追加被害始末書，追加被害上申書
検	検察官に対する供述調書	答	答申書
検 取	検察官事務取扱検察事務官に対する供述調書	質	質取てん末書，質取始末書，質受始末書，質取上申書，質受上申書
事	検察事務官に対する供述調書	買	買受始末書，買受上申書
員	司法警察員に対する供述調書	始 末	始末書
巡	司法巡査に対する供述調書	害 確	被害品確認書，被害確認書
麻	麻薬取締官に対する供述調書	放 棄	所有権放棄書
大	大蔵事務官に対する質問てん末書	返 還	協議返還書
財	財務事務官に対する質問てん末書	上	上申書
郵	郵政監察官に対する供述調書	報	捜査報告書，捜査状況報告書，捜査復命書
海	海上保安官に対する供述調書	発 見	遺留品発見報告書，置去品発見報告書
弁 録	弁解録取書	現 認	犯罪事実現認報告書
逆 送	家庭裁判所の検察官に対する送致決定書	写 報	写真撮影報告書，現場写真撮影報告書
告 訴	告訴状	交 原	交通事件原票
告 調	告訴調書	交原(報)	交通事件原票中の捜査報告書部分
告 発	告発状，告発書	交原(供)	交通事件原票中の供述書部分
自 首	自首調書	検 調	検証調書
通 逮	通常逮捕手続書	実	実況見分調書
緊 逮	緊急逮捕手続書	捜 照	捜査関係事項照会回答書，捜査関係事項照会書，捜査関係事項回答書
現 逮	現行犯人逮捕手続書	免 照	運転免許等の有無に関する照会結果書，運転免許等の有無に関する照会回答書，運転免許調査結果報告書
捜	捜索調書	速 カ	速度違反認知カード
押	差押調書	選 権	選挙権の有無に関する照会回答書

診	診断書	嘆	嘆願書
治照	交通事故受傷者の病状照会について，交通事故負傷者の治療状況照会，診療状況照会回答書，治療状況照会回答書	(謄)	謄本
検視	検視調書	(抄)	抄本
死	死亡診断書，死体検案書	(検)	検察官
酒カ	酒酔い酒気帯び鑑識カード	(検取)	検察官事務取扱検察事務官
鑑嘱	鑑定嘱託書	(事)	検察事務官
鑑	鑑定書	(員)	司法警察員
電話	電話聴取書，電話報告書	(巡)	司法巡査
身	身上照会回答書，身上調査照会回答書，身上調査票，身上調査回答	(大)	大蔵事務官
戸	戸籍謄本，戸籍抄本，戸籍（全部・一部・個人）事項証明書	(財)	財務事務官
戸附	戸籍の附票の写し	(被)	被告人
登記	不動産登記簿謄本，不動産登記簿抄本，登記（全部・一部）事項証明書		
商登記	商業登記簿謄本，商業登記簿抄本，登記（全部・一部）事項証明書		
指	指紋照会回答票，指紋照会書回答票，指紋照会書通知書，指紋照会回答，指紋照会書回答，指紋照会回答書		
現指	現場指紋による被疑者確認回答書，現場指紋等確認報告書		
氏照	氏名照会回答書，氏名照会票，氏名照会記録書		
前科	前科調書，前科照会（回答）書，前科照会書回答		
前歴	前歴照会（回答）書		
犯歴	犯罪経歴回答書，犯罪経歴電話照会回答書		
外調	外国人登録（出入国）記録調査書		
判	判決書謄本，判決書抄本，調書判決謄本，調書判決抄本		
決	決定書謄本，決定書抄本		
略	略式命令謄本，略式命令抄本		
示	示談書，和解書		
受	受領書，受領証，領収書，領収証，受取書，受取証		
現受	現金書留受領証，現金書留引受証		
振受	振込金兼手数料受領書，振込金受領書		
寄附	贖罪寄附を受けたことの証明		

第一審手続概要

- 起訴
- 公判準備
  - 起訴状謄本の送達
  - 弁護人選任照会（通訳言語照会）
    - ↓（通訳人予定者への打診）
  - 起訴状概要の翻訳・送付
  - 国選弁護人の選任

> 公判前整理手続（非公開）は，裁判員裁判対象事件では必ず行われるが，それ以外の通常の事件でも行われる場合がある。

- 公判前整理手続
  - 証明予定事実記載書面の提出（検察官）
  - 証拠調べの請求
    - ↓
  - 証明予定事実等の明示（弁護人，被告人）
  - 証拠調べの請求に関する意見
  - 証拠調べの請求
    - ↓
  - 争点及び証拠の整理（証拠決定等）
  - 審理計画の策定

- 裁判員等選任手続　── 裁判員裁判対象事件のみ（非公開）

- 公判手続
- 冒頭手続
  - （公判前整理手続において通訳人が選任されていない場合）
  - 通訳人の人定尋問と宣誓
    - ↓
  - 被告人の人定質問
    - ↓
  - 検察官の起訴状朗読
    - ↓
  - 被告人に対する黙秘権等の告知
    - ↓
  - 被告人及び弁護人による被告事件に対する陳述

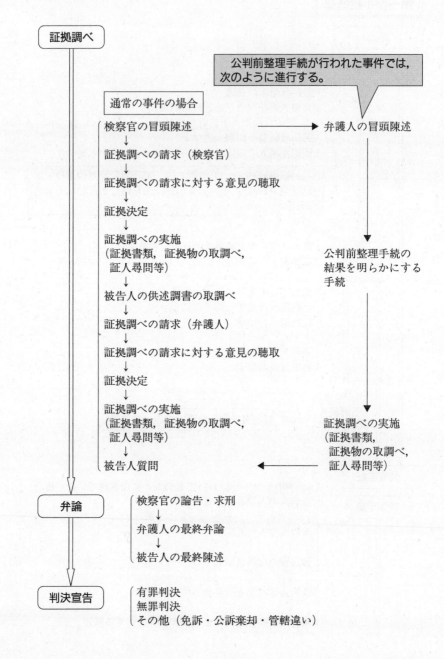

証拠調べ

公判前整理手続が行われた事件では，次のように進行する。

通常の事件の場合

- 検察官の冒頭陳述
  ↓
- 証拠調べの請求（検察官）
  ↓
- 証拠調べの請求に対する意見の聴取
  ↓
- 証拠決定
  ↓
- 証拠調べの実施（証拠書類，証拠物の取調べ，証人尋問等）
  ↓
- 被告人の供述調書の取調べ
  ↓
- 証拠調べの請求（弁護人）
  ↓
- 証拠調べの請求に対する意見の聴取
  ↓
- 証拠決定
  ↓
- 証拠調べの実施（証拠書類，証拠物の取調べ，証人尋問等）
  ↓
- 被告人質問

（公判前整理手続が行われた事件）

- 検察官の冒頭陳述 → 弁護人の冒頭陳述
  ↓
- 公判前整理手続の結果を明らかにする手続
  ↓
- 証拠調べの実施（証拠書類，証拠物の取調べ，証人尋問等）
  → 被告人質問

弁論

- 検察官の論告・求刑
  ↓
- 弁護人の最終弁論
  ↓
- 被告人の最終陳述

判決宣告

- 有罪判決
- 無罪判決
- その他（免訴・公訴棄却・管轄違い）

控訴審手続概要

第一審裁判所

- 控訴申立て
  ↓
- 弁護人選任照会（高裁の依頼に基づく。）
  ↓
- 記録・証拠物の送付

⇩

控訴審裁判所

公判準備

- 控訴趣意書差出最終日の指定・通知
  ↓
- 国選弁護人の選任（高裁によっては，上記指定より先に行っている。）
  ↓
- 控訴趣意書の提出及び相手方への謄本の送達
  ↓
- （答弁書の提出）
  ↓
- 第1回公判期日の指定及び被告人の召喚（高裁によっては，上記指定を控訴趣意書差出最終日の通知と同時に行っている。）

⇩

公判手続

- 通訳人の人定尋問と宣誓
  ↓
- 被告人の人定質問
  ↓
- （黙秘権の告知）
  ↓
- 控訴趣意書に基づく弁論
  ↓
- 控訴趣意書に対する相手方の意見
  ↓
- （事実の取調べ）
  ↓
- （事実の取調べの結果に基づく弁論）

⇩

判決宣告

- 控訴棄却
- 原判決破棄（差戻し・移送・自判）

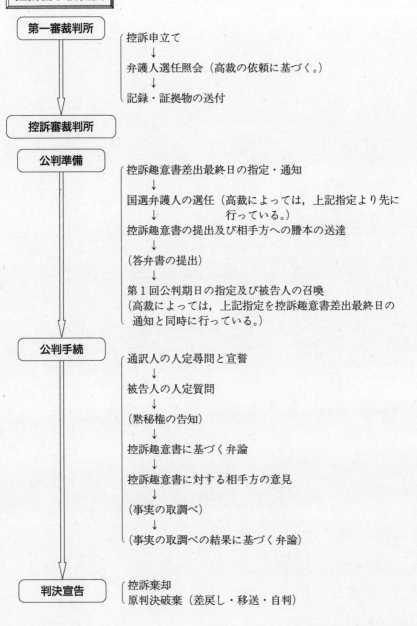

法廷通訳ハンドブック　実践編
【ベンガル語】（改訂版）　　　　書籍番号　30-22

平成12年５月10日　第１版第１刷発行
平成30年８月10日　改訂版第１刷発行

監　修　最高裁判所事務総局刑事局
発行人　平　田　豊
発行所　一般財団法人　法　曹　会
〒100-0013　東京都千代田区霞が関1-1-1
振替口座　00120－0－15670
電　話　03－3581－2146
http://www.hosokai.or.jp/

落丁・乱丁はお取替えいたします。　印刷製本／㈱プライムステーション

ISBN 978-4-86684-008-6

本誌は再生紙を使用しています。